江戸釣百物語

将軍から庶民まで

長辻象平
NAGATSUJI SHOHEI

EDO TSURI HYAKUMONOGATARI
SHOGUN KARA SHOMIN MADE

はじめに　武士から始まった遊びの釣り

江戸時代の侍たちは、おしなべて釣りが好きだった。日本の釣りは武士の間で始まった遊びであったのだ。意外感があるかもしれないが、歴史に照らしての事実。

江戸時代になるまで、漁師以外が魚を釣ることには強い忌避の念がはたらいていた。遊びの魚釣りは、殺生を戒める仏の教えに背くからである。

縄文時代からおこなわれてきた漁労としての釣りが趣味の世界に取り入れられるには、江戸初期の武士たちの進出を待たねばならなかった。

その開拓者の一人が松平大和守《やまとのかみ》直矩《なおのり》（一六四二－九五）。越後十五万石の村上藩主で徳川家康の曾《ひ》孫《まご》にあたる人物だ。

この大和守が万治二年（一六五九）九月二十三日、江戸湾に舟を出して釣りをしている。このとき、大和守は十八歳で二十人ほどの家臣と一緒に釣糸を垂れている。その日の釣果は全員でハゼが約三十尾。

彼は詳細な日記をつけているので個人の成績もわかる。「四ツ　樋口又三郎、三ツ　山田市左衛門、牧村卜寿、太田半左衛門、堀中三郎右衛門……」とあり、彼自身は二尾を釣って「二ツ　直」と書いている。

　じつはこの『松平大和守日記』が遊びの釣りについて具体的に書かれた日本最古の記録なのである。武士と釣りの関係を示す史料は、ほかにもある。享保八年（一七二三）までに書かれた本邦最古の釣りの書物『何羨録《かせんろく》』がそれだ。筆者は忠臣蔵の敵役・吉良上野介の娘婿にあたる四千石の大旗本津軽采女政兕《うねめまさたけ》（一六六七－一七四三）。『何羨録』の「鉤《はり》之部」には、三十数種類の釣鉤の図が載っている。

　その多くはキス釣り用の鉤で、形が微妙に異なるそれぞれに考案者の名前がついている。町人や職人、漁師の名前もあるのだが、大半は阿久沢弥大夫、板尾丹兵衛、土橋伯耆、中村五郎兵衛、水木吉兵衛……など武士のものである。

　釣鉤の図に添えられたこれらの武張った姓名も初期の遊びの釣りが武士の間で始まったことを物語っているようだ。

　そもそも武士が釣りに手を染められたのは、中国に太公望の伝説があったからである。釣り人の代名詞になっている太公望は、釣りが縁で周の国の要職に就いたのだが、本来の職業は軍師なのだ。だから日本の武士には、釣りをするための先例と大義名分が用意されていたわけである。そこに徳川幕府による天下統一で、長く続いていた戦乱が終わり、平和な時代が訪れた。

戦闘集団であった武士層は、心と時間のゆとりに恵まれることになったわけである。

さらには仏教思想からの解放もあった。幕府が寺社を管理下に置いたことで、長く続いた殺生禁断の呪縛が緩和されたのだ。


ところで、寺社勢力が強大な勢力を保っていた中世・室町時代に、遊興の釣りをしようとすると、どうなったか――。

ひとつの事件が、後崇光院《ごすこういん》伏見宮貞成《さだふさ》親王（一三七二－一四五六）の『看聞御記《かんもんぎょき》』に記録されているので紹介しておこう。自身は皇位につく機会がなかったが、実子が後花園天皇となった人物だ。この貞成が四十五歳の応永二十三年（一四一六）六月十六日のことである。

貞成は、父親の栄仁《よしひと》親王（六十六歳）とともに伏見御所に暮らしていた。伏見は、京の都の南に位置し、近くには巨椋池《おぐらいけ》があり、宇治川が流れているという土地だ。そこに都から公家《くげ》の一行が納涼にやってきた。日野大納言《だいなごん》入道有光《ありみつ》卿、山科教遠《のりとう》卿、四辻季保《すえつね》朝臣《あそん》など十人ほどの名が見える。

彼らは宇治川に舟を浮かべた。そこまでは通常の遊びだった。だが、何を思ったか、釣りを始めた。殺生禁断の場所である。

それを近くの大光明寺《だいこうみょうじ》の僧たちが見咎めた。しかし、舟中の公家一行は「禁ずるところ耳の外にして聞き入れず」という態度をとった。聞く耳持たぬと無視したのだ。僧たちは激怒して伏見御所に押しかけ、栄仁親王から直接言い聞かせよと談判した。さらには寺の長老の徳祥和《お》尚《しょう》もやって来て「禁法を破るの條」について難詰した。

　悪いことに御所の役人が公家たちを案内していたので和尚の怒りは倍加した。「公方《くぼう》へ訴え申すべきのよし」とまで言い出したのだ。室町将軍足利義持《よしもち》への直訴も辞さないという意味である。

　このとき、栄仁親王は病床にあったのだが、釣りを止めるようにと書面をしたため、それを舟に届けさせた。公家の一行は、興ざめの様子で伏見を後にし、案内役の御所の役人たちは、しばらくの間、出仕停止になったという。栄仁親王は、その年の十一月に他界している。気の毒なことだった。

　室町幕府という武家政権の下で皇室の力が弱体化していたとはいえ、中世の寺院の長老は、これだけの申し入れをおこなえるだけの威光を持っていたのだ。長老の怒りの矛先は、魚釣りである。公家でさえ、これだけ咎められたのだから、庶民であったらどうなるか。したくても釣りはできなかった。

　京の公家たちは、中国の詩文や絵画を通じて、釣りが興趣豊かな遊びであることを知っていた。その面白さを体験しようとしたのだろうが、時代が二百年ほど早すぎたのだ。

　時代を経て、平和の訪れ・仏教思想からの解放・江戸湾という釣りに適した地形——などに恵まれて江戸で釣りがおこなわれるようになっていったのだが、じつは、もうひとつ忘れてはならない要素がある。

それはテグスの伝来だ。テグスは江戸時代前期に中国から伝わった。丈夫であるうえに透明で魚の目につきにくいテグスを使うことで素人にも魚が釣りやすくなったのだ。

それまでは鉤素《はりす》に絹糸や白馬の尾を使っていたので魚に警戒されやすく、強度の点でも難があった。それをカバーするには漁師の腕前が要求されていたのだが、テグスは武士にも釣りの門戸を開放してくれた。

テグス伝来の地は大坂だった。薬問屋に入荷してくる漢方薬の梱包にテグスが使われていたのだ。それに地元の漁師が着目し、次いで鳴門海峡に近い四国の阿波堂ノ浦の漁師がマダイやスズキの一本釣りに導入して効果をあげた。

やがて大坂にはテグス問屋ができ、堂ノ浦の漁師は、瀬戸内一帯でテグスを売りながら一本釣りの技術を広めていった。貞享年間（一六八四－八八）のころのことだった。

テグスは、少し遅れて江戸に伝わった。

津軽采女の『何羨録』にも「西国にて魬《はまち》など云へる大魚を釣る。四斗俵を釣りても切れずといへり。西国にて商ひ、江都（江戸）へも阿波塩船、ならびに大坂の檜垣船の船頭持て来り、商売する事有」「手くすは水色にて水に入て見えず、勿論《もちろん》強く水切もよし」と書かれている。

江戸湾での舟釣りに先鞭をつけた松平大和守と家臣団の釣果が乏しかったのも、まだテグスが使われていなかったせいだろう。

ともあれテグスは、江戸の釣り人にとって革命的な夢の新素材だった。

テグスの原料は、中国南部に生息するテグスサンというヤママユガ科の蛾《が》の毛虫。その背中を裂いて取り出した絹糸腺を酢に浸したうえで引き伸ばし、陰干しにして作ったものだ。

日本人がテグスの正体を知ったのは、文化年間（一八〇四－一八）の初めごろである。製法は薩摩藩に伝わったが、実際に成功するまでに四、五十年を要したので初の国産テグスが誕生したのは、すでに幕末も近いころだった。テグスは江戸時代の全期を通じて中国から供給されていたのだが、これを釣りに用いたのは、日本人の発明だ。河川の水が泥で濁っている中国では、そうした発想がなかったらしい。

かくして江戸時代の初期に、武士による釣りが江戸湾を舞台に始まった。それが時とともに庶民へ、また女性の間へと浸透し、世界屈指の洗練度を誇る日本の釣りへと発展していくことになるのである。

江戸釣百物語　将軍から庶民まで　目次

【第1章】

怪談

釣りは一本の糸を介して、水底《みなそこ》に棲む魚族との交信を試みる営みである。長い糸の先の釣鉤《つりばり》は、ふとしたはずみで、この世とは双極の異界とつながることがあった。水辺に独りたたずむ釣り人の魂は、いつしか異界に釣り込まれ、怪奇な体験をするのだった。

露伴の『幻談』とその実話

慶応三年（一八六七）の江戸に生まれた文豪幸田露伴の『幻談《げんだん》』は、素晴らしい釣竿をめぐる怪異を語った小説だ。

仕事が出来たためにかえって出世から外れた小普請組の武家が、老船頭の漕ぐ舟で江戸湾にクロダイを釣りに出かけたときのこと。

潮具合もよいのに、さっぱり食わないまま日没となった。そのとき、夕闇の漂う水面《みなも》から細い棒のようなものが突き出してはまた沈むのが見えた。船頭が舟を漕ぎ寄せると、釣竿を握った水死人が海中を漂っているのだった。その竿は見事なものだった。

「竿といふものは、節と節とが具合よく順々に、いゝ割合を以て伸びて行つたのがつまり良い竿の一條件です」。武士は成り行きでやむなく釣竿を握ってしまった。

「竿は水の上に全身を凜《りん》とあらはして、恰《あたか》も名刀の鞘《さや》を払つたやうに美しい姿を見せた。持たない中《うち》こそ何でも無かつたが、手にして見ると其竿に対して油然《いうぜん》として愛念が起こつた。とにかく竿を放さうとして二三度こづいたが、水中の人が堅く握つてゐて離れない」。武士は水死者の指を折るようにして竿を奪ってしまった。

その翌日、雨が小降りになるのを待って武士と船頭は舟を出した。前日とうってかわった好漁で、この日も暮れ方になってしまう。その帰りがけ、薄暗くなった海面に昨日と同じように竿が上下して浮かんでいるのが見えた。

武士と老船頭は思わず顔を見合わせる。「客も船頭も此世《この》ではない世界を相手の眼の中から見出だしたいやうな眼つきに相互に見えた」それから「客は竿を取出して、南無阿彌陀佛、南無阿彌陀佛と言つて海へかへしてしまつた」。

以上が『幻談』の粗筋だが、この名作には原典がある。幕府の大学・昌平坂学問所で教官をつとめた鈴木桃野《とうや》（一七九九－一八五二）の随筆集『反古《ほご》のうらがき』中の「鱚《きす》釣の竿」だ。

「或士釣を好みて道具も相応なるを用ひ、獲物も相応に有りて一日快く楽しみ酒など取出て数盃を傾け気げん一倍して釣りけり」。

品川沖で根がかりして糸をたぐると釣竿が上がってきた。

「大事に引上げ竿の元に至れば、堅く握り詰めたる片腕見えたり。その人も興醒めて見えしが、酒の力にてか胆太くもその腕をとらへ、余り好《よ》き竿なればおれがもらふと言ひざまに腕を引離ち突きやりて、船を早めて乗りかへしけり。

よくよく見るに勝《すぐ》れし釣竿にてつり合よし。思ふにこの人高金にて求めしが、如何《いかに》してか過ちて溺死するといへども、この竿の惜しさに堅く握りて死にけると思へば、吾も人も同じ物好きの余り命を落とすといへども、執着するならんとて回向《えこう》して、矢張この竿を用て釣りに出るよし、語り伝へしを聞きける」

原話の武士は、死者から奪った名竿を使い続けたのである。

「おいてけ堀」と「四谷怪談」

「おいてけ堀」は、庶民が岡釣りを楽しんだ江戸時代の本所界隈で生まれた水辺の怪談——。

日もいつしか西に傾いて暮色が水面に漂い始めたころ、ヨシの茂る岸辺で一人釣糸を垂れていた男が竿を仕舞い、一日の釣果に満足して腰を上げた。フナやコイ、ナマズなどの入った魚籠《びく》はずっしり重い。

その魚籠を手にして数歩を歩んだとき、背後で陰にこもった気味の悪い声がした。

浮世絵「東海道四谷怪談」釣りの場面

「置いて行け、その獲物を置いて行け」

と聞こえた。振り返って見ても、暗い影を水辺に落とす柳の木が夕風に枝をなびかせているだけで人の姿は見あたらない。

空耳であったかと歩み始めると再び水の底から湧くような声がした。今度は腹に響くおそろしい声である。「置いて行かねば……」と言っている。

釣り人はぞっと全身が粟立って、魚籠ごと水に投げ込んで後ろも見ずに逃げ帰ったという話である。

「本所七不思議」の一つに数えられたこの「置いてけ堀」は、現代の東京都墨田区と江東区の境に位置する錦糸町駅と亀戸駅の間あたりにあったと伝えられている。

隅田川の東岸に位置する本所や深川は、江戸時代の初期に低湿地を埋め立てた所なので、排水のための掘割が東西南北に伸びる土地だった。

右ページの浮世絵は『東海道四谷怪談』の釣りの場面で、時は元禄十六年（一七〇三）ごろの夏の夕暮れ。民谷《たみや》伊《い》右《え》衛門《もん》が砂村のとある掘割でナマズを釣ったところである。

このときすでに伊右衛門は、お岩の父や下男の小仏小平を斬り殺し、お岩も隣の伊藤家の人間に毒をもられたうえで死んでいる。男ぶりのよい伊右衛門を孫娘お梅の婿に迎えようとした伊藤家にとっては、お岩が邪魔であったのだ。

さて、伊右衛門が竿を満月のようにしならせて釣り上げた大ナマズは激しく暴れ、てこずらせた。その取り込みを手伝ったのが、やはり悪者で今は鰻捕《うなぎと》りの直助である。直助が使った板は、何と死者を弔う卒塔婆《そとば》であったのだ。

このナマズを釣った直後に伊右衛門は、また女を一人殺してしまう。以下は再び釣りを始めた二人の会話。

直「伊右衛門さん、なるほどお前は強悪《ごうあく》だなァ」

伊「天井ぬけの不義非道」

直「働きかけた鰻鉤《うなぎかぎ》、どうで仕舞は身を割《さ》かれ」

伊「首が飛んでも動いてみせるワ」

やがて夕闇の中に時の鐘が寂しく響く。直助は立ち去り、伊右衛門も帰ろうとするが、そこへ裏表にお岩と小平の死体を釘で打ち付けた戸板が流れ着く。

「うらめしや、伊右衛門どの」――。夕刻のナマズ釣りは四谷怪談のクライマックスへの序章であった。

ちなみに、この時代は将軍綱吉の生類憐みの令の一環で釣りは厳しく禁止されていた。舞台の砂村は「置いてけ堀」から真南に約二キロの場所である。

鯉の腹から得た不思議の鏡

主取りがかなわないまま日々を送っている亀木庄右衛門の竿先が、とろりとした水面に鋭く引きこまれたのは、そろそろ日も暮れようとするころだった。

現在の鳥取県の西部にあたる伯耆国《ほうきのくに》川村――。下僕を供に従えて近くの沼にやってきた庄右衛門は竹筒に満たした酒を呑みながら終日釣糸を垂れていた。諦めかけていたところに訪れたこの日初めての魚信であった。

しばらく強く抵抗した後にようやく姿を見せたのは見事なコイだった。

「長さ二尺ばかり、その魚鱗《ぎょりん》光る事おびただし」

庄右衛門は喜んで下僕にそのコイを持たせて家路についたが、水無月（六月）二十日過ぎのことなので月の出は遅く足元が暗い。

しかし、庄右衛門は不思議なことに気がついた。暗いはずの足元がはっきりと見えるのだ。

「宵やみのころなるに、道あきらかにして塵までも見ゆ。亀木あやしんで心をつけて見るに、かのうかごに入れたる鯉《こい》の光なり」

屋敷に戻ってそのコイの腹をさいてみると腹中に一枚の鏡が入っていた。

鏡は一寸（三センチ）四方で、裏側には見事な雨龍《あまりょう》の姿が鋳込まれていた。

「その鱗また世の常の細工にあらず、その光、れいれいとして深夜といへども日中のごとし」

というものだ。

鏡の不思議さはそれだけにとどまらなかった。

「この鏡をもつて写し見るに遠方もたなごころの内にあらはれ見ゆ」

遠くの物もこの鏡に写ると、あたかも掌《てのひら》の上にあるかのごとく克明に見えるのだ。

また、この鏡を懐に入れて夜道を歩くと、すれ違う人の目には体が光り輝いて見えたという。

亀木庄右衛門は「奇異の鏡」として秘蔵した。

すると運も開けたようで彼は朝倉義景《よしかげ》（一五三三－七三）に召抱えられることになった。その武功と勇智が義景の耳に入ったためである。朝倉氏は越前の有力な戦国大名だった。

これだけなら瑞祥の鏡の話となるのだが、『拾遺御伽婢子《おとぎぼうこ》』に収められているこの物語は意外な展開を見せる。

亀木庄右衛門は朝倉義景の武将として戦陣に加わるが、「程なく掛川の軍に討ち死にしぬ」とあっ気ない最期をとげてしまうのだ。

「その後、かの鏡、いづちへ行きけん。見へずと言ひ伝へたり」とされている。

主君の朝倉義景は、浅井長政や武田信玄らと結んで織田信長と果敢に戦うが、天正元年（一五七三）八月に刀禰《とね》坂の合戦に敗れるなどして自刃《じじん》する。

魚腹の鏡は二人の武人の運と生命を吸い取ってしまったかのようである。

この物語は亀木庄右衛門について「常に釣りを好む」と記している。

遊びの釣りが武士の間でさかんにおこなわれるようになるのは、江戸幕府が開かれてからのことなので、庄右衛門の釣りは時代を三十年ほど先取りしていたことになる。その意味でもめずらしい、釣りにまつわる怪異譚である。

人食い大鯰を銃でしとめる

私の手許に一枚の刀の鐔《つば》がある。多数の小舟が出て大ナマズを追っている図だ。

ナマズは大きすぎるので鐔の表と裏にまたがって巨体をくねらせている。

この図柄を彷彿《ほうふつ》させるナマズ釣りにまつわる古い話が享保十九年（一七三四）に出版された『御伽厚化粧《おとぎあつげしよう》』という怪談集の中にある。

真鍮高彫象嵌鐔「大鯰漁（すなどり）図」（左側・表）

題名は「釜淵《かまがふち》鯰《なまずの》魚妖《ぎょよう》」——。

事件が起きたのは「天正の頃」というから一五〇〇年代の末で、織田信長が台頭し、豊臣秀が天下を取った時代である。

琵琶湖の東岸に位置する江州《ごうしゅう》安土の町に稲田五郎太夫と六郎治という、西国から流れてきた浪人者の兄弟がいた。仕官の口が見つからないまま次第に困窮し、狩や漁をして暮らしをたてていたという。

安土の北には大きな川が流れていて、その上流に「釜が淵」と呼ばれる深みがあった。「四方十間（一八メートル）ばかり水青み立て恐しく、往古より終《つい》に底を見ず」

土地の者はこの淵に近寄らず、ましてや網を入れたり、釣りをすることをしなかった。淵の主によって水中に引き込まれ、死体も上がらないと言い伝えられていたからである。

五郎太夫が息子の五助を従えてここを通りかかったときである。「大きなる鯉鮒《こいふな》どもかぎりもなく見えける」ということで、父子はその夜、釜が淵を訪れて釣りをした。

父親の五郎太夫の鉤《はり》に魚がかかり、釣竿が満月のように大きくしなる。五郎太夫はついに膝まで水中に引きこまれた。五助が合力に駆け寄ったときである。「水たちまち逆巻き上がりて水中より大きさ四尺（一・二メートル）余りの真黒なる頭を出し、五郎太夫を引きくはえて、づぶづぶと引き込みける」

父を助け得なかった無念さに五助はその場で切腹しようとしたが、思い直して家に戻り、叔父の六郎治に事の次第を報告した。

兄の通夜を済ませた六郎治はその三日後、五助を伴い鉄砲を手に釜が淵に出かけた。鉄砲には鉛の十匁《もんめ》弾がこめられている。

日が暮れると六郎治は岩陰に身をひそめて鉄砲を構え、五助は釣竿を手にして水辺に立った。やがて五助の竿にあたりがあり、真っ黒な怪物が現れた。鉄砲が「どう」と火を噴き、その頭に命中。五助は抜き放った刀で拝み打ちに切り付けた。六郎治はさらに二発を見舞う。

夜明けを待って確かめると巨大なナマズが浮いていた。

「頭より尾まで長さ一丈六尺（約五メートル）、頭のまはり六尺（一・八メートル）廻り、眼は日月のごとく、鬚《ひげ》の長さ四尺五寸（約一・四メートル）」という鯨のような大ナマズだ。二人はその手柄によって大名に召抱えられたということである。

稲田父子は「浪人の渡世につまり」という事情で、遊びではなくて暮らしのために釣りをしていた。釣りが、武士たちの手によって洗練された遊びの領域にまで高められるのは、江戸時代になってからである。

琵琶湖底に潜むは何ものぞ

日本には三種のナマズが生息している。「ナマズ」と「イワトコナマズ」と「ビワコオオナマズ」だ。

ナマズは国内に広く分布しているが、ビワコオオナマズは琵琶湖にのみ、イワトコナマズは琵琶湖とそれに隣接する余呉湖にだけ棲んでいる。

生物学者によってビワコオオナマズとイワトコナマズが、普通のナマズとは別の種であることが確認されたのは、昭和になってからだが、江戸時代の人は琵琶湖の大ナマズの存在に気づいていたようだ。

元禄五年（一六九二）に書かれた『本朝食鑑《ほんちょうしょっかん》』という江戸の百科事典には、ビワコオオナマズのこととおぼしき記述がある。そのあらましを紹介してみよう。

琵琶湖は南と北に区分され、浅くて小さな南湖に対して北湖は大きくて深い。その北湖には竹生《ちくぶ》島《しま》があって、湖岸には、沖にこの小島をのぞむ海津《かいづ》という土地がある。

『本朝食鑑』の解説によると、昔、海津には日本海側の越前の国からきた泳ぎの名人がいたという。この名人が里の人々に、水に潜って琵琶湖の底を見てみたいと言いだした。

里人は男を止めた。昔にやはり水練の達者な男が潜ったことがあるのだが、竹生島の深い所で「群龍」に出会い、命からがら戻ってきたと言って説得した。

男は、竹生島は水の中間に浮いていて根元は四方に通じていると聞いたことがあるので、ぜひ自分の目で確かめたいと主張した。

そして、湖水に沈んだのだが、なかなか浮上せず、村に戻ってきたときにはすでに夕方になっていた。

男は里人に「島の底に龍なし。ただ群鯰ありてその巨大さ量るべからず」と告げたということである。おそらくビワコオオナマズのことだろう。伝承の過程で一段と巨大化したに違いない。実際のビワコオオナマズは、一メートルを超える大きさで、体色は紫がかった金属光沢を帯びている。

竹生島の周辺は琵琶湖で最も深い場所で水深は一〇〇メートルほどもある。竹生島は、湖底から針のように聳える岩の島なのだ。

昔、学生時代に私は竹生島の岩壁沿いに水深三〇メートルあたりまで潜ったことがある。夜行性のビワコオオナマズを探しての真夜中の夜間潜水だった。

ボンベを背負い、ライトで照らすが、墨汁の中を泳いでいるかのようだった。見えるのは三メートルほど前方に伸びる光の棒とそれと交錯する物体だけだ。

巨石が重なった岩棚をのぞいたとき、目の前にビワコオオナマズが休んでいた。その頭は水中の光の屈折による拡大作用で人間の頭ほどにも見えた。地元の鍛冶屋に打ってもらった太い鉄枠の網を使ったが、一瞬のうちに網を破られた。

当時、琵琶湖岸の村では竹生島の底に戦国時代の姫の化身の大蛇がいると信じられていた。宿の小母さんに真剣な面持ちで調査を止められたのを思い出す。

（国産ナマズは二〇一八年に新種が確認され、タニガワナマズと命名されたことで、計四種となった。伊勢湾周辺を中心とする地方の山あいの流速のある川に生息し、形態はイワトコナマズに似ている）

穴場に通って釣客怪死

釣り人は穴場を探したがるものである。この習性は江戸時代の釣客（釣り人）も同じだった。地元の人間は訳ありの場所なので近づかないのだが、他所からきた釣り人は事情を知らないまま、穴場を見つけたと喜んで釣りを続けるうちに怪異に見舞われることがあった。

そういう話が享保十一年（一七二六）の『続蓬窓夜話《ぞくほうそうやわ》』という書物に載っている。

難に遭ったのは、紀州の城中につとめた鈴木周徳という奥坊主である。

「周徳、常に魚を釣る事を好みて公用閑暇の折節は雑賀崎・田ノ浦など云ふ処《ところ》へ磯釣と云ふ事に行きて終日巌《いわ》の上を徘徊《はいかい》し、魚を釣てぞ楽しみける」

雑賀崎は、城から南に約五キロの場所。仕事が暇なときはここにきて磯釣りをしていたわけである。

享保十年の春、日が暮れてから周徳が屋敷に戻ってきたが、全身水に濡れている。家人は海に落ちたのかと尋ねたが、本人もいつ濡れたのかわからない。

「人々大いに怪しみ、不思議なる事と云ひ合ひけり」ということであった。

その数日後のことである。周徳は夜になっても屋敷に戻らなかった。家族や奉公人が総出で心当たりを探したが、どこに行ったのかわからない。

「余りに尋ねかねて、常々釣を好みたれば、もし田ノ浦・雑賀崎辺へ行きて、磯巌浪にも打たれて底の水屑《みくず》ともなりやしぬらんと、跡を求めて田ノ浦へ尋ね行き、ここかしこと捜し求めけるに、磯辺より一段高き岩山のごとくなる処《ところ》に、咽《のど》の喉《ふえ》を掻き切りて死してあり」

人々は、驚きながらも死因を調べた。

「寄りあつまりてその躰を見たりけるに、喉はかき切てあれども、脇指《わきざし》は鞘《さや》に納めてあり。そのほか刃物の類は見えず。不思議に思ひて脇指を抜きて見れば、刃には少し血付きたり」

自分の首を刀で切った周徳が息を引き取る前に、自分自身で鞘に納めたのだろうかと人々は首をひねったが、真相はわからずじまいであったという。

だが、周徳が倒れていたのは、怪異が起こる場所であったと筆者はつづる。

「この田ノ浦の磯には昔より怪しき所ありて事を知たる所の者などは、その場へ行きて魚を釣る者なし。ことを知らぬ外の者は、この場怪しきことありとも、所の者はさもあるべし、外《ほか》より来る者には何事か有らんとて、おして釣する人も有りけるよし」

「しかもその処は魚も多く集る磯なれば、この周徳も、そのやうなる場所を避けず、年々釣りて楽しみたる故にて、海神・山鬼の祟《たた》りをなし、この山へ呼びよせて、かかる乱心の者となし、不明の自滅を致しけるかと人々疑ひ怪しみけり」

通常は幽霊が消えた後に水が残るのだが、この釣りの怪談では、落命する前にびっしょり濡れている。そこが新しい不気味さなのだろう。

人を釣る水中の蜘蛛

まずは右下にある絵を見ていただきたい。小舟の上方に一句。

「芦《あし》の穂に沙魚《はぜ》釣るべしか蜘《くも》のいと」——。

絵の左下にはクモがいる。岸辺の芦の穂をたわめて巣を張り、そこから糸でぶら下がってい

『絵本趣向尽』の一葉。『宝暦期上方子供絵本十種』より

る。それを見詰める釣り人の会話。「おのが身をゑにするそふな」「われらもはぜをつるべしとや」

江戸時代の宝暦（一七五一－六四）ごろ、上方で出版された『絵本趣向尽《えほんしゆこうづくし》』の挿絵だ。クモが釣りをしているように見えるのだが、そのクモ自身が魚の餌になりそうなおかし味を絵にしている。

ここでは人間がクモを笑っているが、根岸鎮衛《やすもり》（一七三七－一八一五）が書き遺した奇談風聞集『耳袋《みみぶくろ》』には、釣り人がクモによって水中に引き込まれそうになったという不気味な話が収められている。根岸鎮衛は旗本で、佐渡奉行や江戸南町奉行などをつとめた人物だ。

さて、その怪談とは――。場所は現在の千葉県にあたる上総国夷《かずさのくにい》隅郡《すみぐん》大野村。

若い男が深い川の淵で釣りをしていた。幅十間（一八メートル）ほどの川の向こう岸には竹藪が生い茂り、昼間でも暗いような場所である。

その日は、普段になくよく釣れた。夢中になっていた男がふと気づくと、水の中からクモが出てきて、男の足の指に糸をかけては、また水中に戻り、再び出てきて指に糸をかけるという動作を繰り返しているではないか。

そのうち糸は足首にまでおよんだので、男はクモの糸束をそっと外し、川岸の木杭にかけて様子をみた。

「いかがなすやと見置きしに、又前のごとく糸を掛け、何か水中にて『よしか、よしか』というと思えば、かの藪の内にて『よし』と答う後、かのくい木、半分より折れぬるゆえ、大きに驚き逃げ帰りける」ということだ。男はその二年後に視力を失った。

これと似た話が、宝暦二年（一七五二）ごろの『裏見寒話《うらみかんわ》』にも載っている。こちらの話では、釣りをしていた男は、クモの糸を古い柳の切り株に巻きつけた。

「忽然《こつぜん》水上浪を上げ、淵底よりかの蜘蛛《くも》の巣を引て、くだんの切株を水底に引落す」というものすごさだ。あやうく釣り人が水中に引き込まれるところだった。

著者は「古老の云ふ。水中の蜘蛛、人を食ふと。心得べき事なり」と結んでいる。

昔の人は、海にも人を捕らえるクモがいると信じていたようだ。文政年間（一八一八－三一）に書かれた『中陵漫録《ちゅうりょうまんろく》』には、北九州・筑紫の漁師が南海を漂流したときの言い伝えが記録されている。

「大なる蜘蛛海岸より来て、白き綿のごとくなる物を擲《なげうち》て舟に当て引付くる」というのである。舟はぐいぐい引き寄せられる。驚いた男たちは腰刀を抜いてクモの糸を断ち切り、おそろしい海蜘蛛から逃れたということである。

ちなみに、水の中にすむクモだが、これは実在する。水中の草の茎などに糸をかけて空気室を作って暮らすミズグモだ。ただし、怪物ではなく、体長一センチ前後。ユスリカの幼虫やミジンコなどを捕まえて食べている。

巨大な蝦蟇と鮫の恐怖

奥深い山々の底を縫うように一筋の川が流れている。里から離れたこの谷底に、しかも夜更《よふ》けた時刻に、一人の村人がやってきた。

目的は魚釣りだ。昼間は岩陰に潜んでいる渓流の魚を釣ってみようと真っ暗な山道を歩いてきたのだ。提灯で足元を照らしているが、月は雲に隠されて、はなはだ暗い。

何となく気味が悪いが、男の心は、大釣りの期待にふくらんでいる。

どこか手頃な足場はないものか。ごろた石の転がる河原を探し歩いているうちに恰好の大岩が見つかった。三人ほどが乗れる大きさで、流れに面してせり出している。

この上に立って釣糸を垂れると、淵の深みを狙いやすい。男は釣竿を片手によじ登り、すぐさま餌をつけた鉤《はり》を流れに投じた。

釣れる、釣れる。驚くほど釣れた。夢中になって釣っているうちにふと気づくと、足元に何か光るものがある。よくよく見ると手まりほどの大きさで二つあるではないか。そのときである――。

「月の雲間をいでたるに、よく見れば岩にはあらで、大なる蝦蟇《がま》にぞありける。光りしものは、目なりけり。この人、生きたる心地もなく、何もうち捨てて逃げ去りしと語りぬ」。村人は、大ガマの背中に乗って、夏の夜釣りをしていたのだ。

これは鈴木牧之《ぼくし》の『北越雪譜《ほくえつせっぷ》』に、友人から聞いた実話として紹介されている怪異譚である。

昔の人は、年老いたガマが巨大化すると信じていた。

場所は信州（長野県）の千曲川。鈴木牧之は、江戸時代の後期に生きた越後（新潟県）の著名な文化人だ。

釣りで怪物に遭遇しては、たまらない。

海では、カツオ釣りの漁師たちがメウガサメを怖がった。その警戒ぶりが天保二年（一八三二）に出版された『魚鑑《うおかがみ》』という書物に載っている。

「人声を聞くときは必ず来たりて船をくつがへす。ゆへに（漁師は）声をころして、ひそまりゐる。もし、船に触れれば底板たちまち微塵に砕くとなり」というからおそろしいサメである。

さて、この書物によると、カツオが入れ食いになることがあるという。そうした大漁時には、メウガサメが舟の下にいるというのだ。

「かく得ることは、この魚の仕業にて、舟を己《おのれ》が背に置き、十分漁《つり》て帰らんころ舟を沈め、人《ひと》魚《うお》ともに食はんとはかるとなり」。舟にたくさん釣らせておいて、漁師とカツオをまとめて食べてしまおうというのだから悪知恵の働くサメだ。

江戸時代の出来事をまとめた『武江年表《ぶこうねんぴょう》』には、安永六年（一七七七）の秋、小田原沖にメウガサメが現れ、漁師がおそれて舟を出さなかったという話も記録されている。

さて、恐怖のメウガサメの正体だが、じつはジンベイザメである。全長一八メートルにもなるが、性質はおとなしく人間を襲うことはない。

『魚鑑』の記述は、ジンベイザメにとって、とんでもない言いがかりだ。カツオもこのサメの近くにいると安全なので、一緒に群れをなして泳ぐほどである。この「サメ付き群」を見つけて釣れば大漁になる。

釣りする藩士の帰路の当惑

大聖寺藩主の前田利考《としやす》の指示で寛政十一年（一七九九）に編纂された『聖城怪談録《せいじょうかいだんろく》』には、夜釣りにまつわる不思議な話がいくつか収録されている。

まずは同藩の中澤十郎太夫の体験談――。彼は友人の生駒斎宮と一緒に上川へ殺生《せっしょう》に出かけた。殺生とは魚釣りのことで、当時の人は、しばしばそう呼んだ。

その帰り道である。夜五つ（午後八時）ごろのことだった。城下の永町に入る辻に差しかかったところ、十郎太夫は前に進めなくなった。

「何事もなきに彼《か》の辻に出る事ならず。向うへ足進まず行きどまりけり」

後からきた生駒がどうしたのだと訊ねる。十郎太夫はかくかくしかじかと事情を話した。そんな馬鹿な――と生駒は笑った。

「何條《なでふ》左様の事やある。我等行くべしとて、つかつかと行きかかるに、辻になると何となく行きどまり、足向こうへ出ず」

生駒も驚いた。代わって十郎太夫が試みてもやはり同じだ。そこで二人は相談して一緒に走って突っ込んだ。すると「つと出られたり」という結果となった。あっけない解決である。

「中澤十郎太夫、永町にて道をさえられし事」の顛末だ。

「いまだ宵の事故、近辺の人家に皆燈火も見え、おそろしげのなき時節なりしに、何の所為《せい》といふ事を知らず」と結ばれている。

もうひとつの怪異、秋野清右衛門の場合は、何かに化かされた様子である。

清右衛門は河崎川に出かけて夜に魚打ちをしていたが、網が水中で何かに引っかかって外れない。困っているところに屋敷で召し使う男が通りかかった。その男はその日、休みをもらって河崎村の自分の家に帰っていたのだ。

男は気の毒がり、網を外してさしあげようと言うと、大胆にも夜の川に潜った。

清右衛門は男が網を外して川から上がってくるのを待っていたが、男は浮上しなかった。大変なことになった。

まずは事故を伝えようと、急いで男の家を訪ねて戸を叩いた。すると、どうだ。

川で溺れたはずの男が不思議そうな顔をして出てきたではないか。「宵より何方《いずかた》へも出ず、宅に居り申す」と言う。

主人の清右衛門も召使いの男も「たがひにあやしみける也《なり》」という不思議を味わった。清右衛門は翌朝、網を外して屋敷に戻ったが、その後は何事もなかったということである。

ちなみに大聖寺藩内には「天狗つぶて」という怪異があった。「何方ともなく夜中、礫《つぶて》を打つことあり。俗にこれを天狗礫といふ」と紹介されている。

夜道を歩いていると、山の上から執拗に石が飛んでくることがある。だが、人間の仕業ではないらしい。

「石、足もとへ落るゆゑ、行止まり（歩くのを止め）、とくと見れば、石ひとつもなし。川へ落るを見るに水波はうちけれども石はなし」という現象なのだ。夜の水辺では、侍たちもさまざまな怪異に遭遇していたのである。

夜釣りに幽霊舟や石つぶて

暗い夜であった。北陸の大聖寺藩の若い武士、嶋田伴蔵は下河の藤棚という淵で釣糸を垂れていた。ナマズを釣ろうというのだ。

時折、竿先にそれらしいあたりはあるのだが、ナマズは鉤《はり》にかからない。

一丁（約一〇〇メートル）ほど離れた川下では、伴蔵の兄の幾之進が竿を出している。幾之進は、藩中でも知られた肝太い侍である。この日のナマズの夜釣りも兄の幾之進が言い出したことである。

深い淵は緑の水をたたえ、日中でも何かが潜んでいそうな気がするものである。ましてや人《ひと》気《け》の絶えた夜の淵で、主のようなナマズを釣るのは気味が悪い。伴蔵がそう思っていると暗い水面で何かの跳ねる音がした。

――魚だろうか。

また跳ねる。伴蔵は闇を透かすように目をこらして前方の闇を確かめた。再び水が白くしぶいた。だが、魚ではない。よく見ると、石が飛んで来ているのだ。

――誰の仕業だ。伴蔵は警戒しつつ、あたりを見回したが、闇の帳《とばり》があるだけである。

そのときである。川下から一艘の舟が影のように漕ぎ上がってきた。舟は伴蔵の目の前を通り過ぎていく。

伴蔵は竿を手にしたままそのさまを眺めていたが、背筋がぞっと寒くなった。

突然、その舟がふっと消えたのだ。肝をつぶした伴蔵は川下の兄の所に転げるように走って行き、怪異を告げた。兄も釣れていない。伴蔵は帰宅をうながした。

だが、兄の幾之進は平然としている。「臆病なるものかな。あやしきとて何ほどの事かあらん」と弟を叱った。

伴蔵はしかたなく元の場所に戻った。しかし、石つぶては次々飛んでくる。

伴蔵はもう一度、幾之進の所に行って、屋敷に帰ることを勧めたが、やはり耳をかしてもらえない。

やむなく自分の釣り場に戻ると、今度は背後の山で、ただならぬ物音がする。二、三頭の馬がこちらに向かって一斉に斜面を駆け下りてくるような響きである。

これが続く。しかし、何も見えない。たまりかねた伴蔵は、釣竿で地面を叩き続けた。二、三十回も打ち鳴らしただろうか。ようやく蹄《ひづめ》の響きも止んだ。

伴蔵は意を決して幾之進の所に行った。「明朝は御番かと存じ候《そうろう》。まして夜もふけたり。まげて帰り給ふべし」と強く勧めると、剛胆な兄もようやく竿を仕舞った。

さて屋敷に戻ってみるとどうだろう。「四つ半頃にもあるべしとおもひしに、はや八つ頃にありしとかや」。

午後十一時ごろだろうと思っていたのだが、午前二時ごろになっていたということである。

大聖寺藩は加賀藩の支藩で、現在の石川県に位置していた。この水辺の怪異があったのは、江戸時代の寛政年間（一七八九－一八〇二）ごろのことである。

嶋田兄弟は、その夜の出来事を長く秘し、誰にも語らなかった。それをふとした折に市橋善右衛門や福岡孫輔に漏らしたことから明るみに出たという。この話も『聖城怪談録』に収録されている。ナマズは怪談が似合う魚である。

藩士が見た龍とつちの子

北陸の加賀藩では、アユ釣りは武士にのみ許された楽しみであったといわれる。その支藩の大聖寺藩でもおそらく同様だろう。この地方では竿を横にしゃくってアユを鉤《はり》にかけるテンカラ釣りがおこなわれていた。ころがし釣りの一種である。

大聖寺藩の『聖城怪談録』には、このテンカラ釣りに出かけ、龍が空に昇るのを目撃したという武士の話が収録されている。

「鮎《あゆ》をてんからにてかけて取る事あり」という書きだしで話は始まる。

岡本登という者が川筋の新之丞淵《しんのじょうぶち》へ「てんからかけ」に出かけたときのことである。

天気はのどかで、風もなかった。異変は前触れもなく起きた。

「川上の方、川岸のくえたる所、どうどうと鳴りて、川の中へ何かはせ出し、川中にて水を段々巻上げたり」

向こう岸には畑があった。「その辺りのきび或はごみなど一円に巻上げたり。何《いず》れ蛇のごときものと見えたり。そのうちに吸坂山の方へ巻きて行きたりとなん」とある。

コイが龍になる伝説はあるが、大聖寺の土地ではアユが龍になったのか――。

この話は、岡本登から高澤甚左衛門が聞いたということだ。怪異譚に関係した藩士の実名が添えられているのが、この怪談集の特徴だ。

「山本太郎左衛門怪に逢ふ事」という話もある。太郎左衛門という人物は、当時の藩士の山本浅之進の祖父であるという。

この太郎左衛門が若い時分に、弟の庄太夫を伴い、網とヤスを持って川に向かったときの不思議話だ。

二人は夜明けの薄明かりの中で魚をとるつもりだったので、夜のうちに屋敷を出た。川までは距離があり、兄弟は神社の近くの畦道《あぜみち》で一休みした。

「少し休みて行くべしとて、彼《か》のやすを傍らの田のくろに突立て、煙草などをのみてしばらく休み、いざや行くべしとて彼のやすを尋ぬるに、何方《いずかた》へ行きしやみえず」ということになったのだ。

腰をおろして休憩している間、横の畦に突き立てておいたヤスが消えてしまった。

「はなはだあやしく、その辺りをいろいろたづぬれどもなし」

夜中のことなので、いくら探しても見つからない。兄弟はあきらめて、そのまま目的地の川に向かった。

網だけで魚をとった二人は帰り道にヤスを探した。

「帰りは昼のこと故、その辺りをとくとたづねければ、彼《か》の休みし所より田二三まいおきて、田の中に彼のやす投込みありたりとかや」

消えたヤスは、太郎左衛門と庄太夫が前夜に休憩した場所から、少し離れた田圃《たんぼ》の中に投げ込まれているのが見つかったということである。

藩内の夜道にはツチノコも出た。「先へ黒く丸く一尺四五寸（約四五センチ）ばかりあるべきと思ふもの、ころころとして行きたり」

見つけた藩士が舟差し竿で叩こうとしたが、その丸い輪は、馬場の角の槿《むくげ》の生け垣の中に消えてしまった。ほかにも現れていて「これらは、つちの子といふものなり」と推定されている。

大聖寺藩の百物語

化け物や幽霊の話を集めた『聖城怪談録』の企画者は、北陸・大聖寺藩の八代藩主前田利考《としやす》。序文も藩主みずから書いている。

「それ天地の大なるや種々万端なり。今、ただその常を知りて怪事なしといふ者、何ぞともに語るにたらん。大言を吐いてまさに怪に逢ふ。

古書はいふ。山野の悪気《あつき》集まりて怪をなす。これを魍魎《もうりょう》といふ。水淵の悪気集まり怪をなす。これを魑魅《ちみ》といふ。

或は形有り、或は形なし。物は当たりて目に見えず、目に見えて物はあたらず。今天狗《てんぐ》といふ物、すなはちこの類なり。

また幽霊は、人死して形腐爛《ふらん》して、すでに土に成りたる物なり。そのあらはるる所は、その人の悪気集まりて形をなすものなり。これをきれども切れず、これをとらへんとするにとらふる事あたはず……」と続く。

なかなか説得力と迫力に満ちた文である。

さて、同藩の成田弥左衛門の父、清右衛門は夜、漁に出かけて怪異に遭っている。

「この人、ある夜川へ行きて、せばりとて魚を取る所あり」と物語は始まる。

真夜中を迎えたころ、清右衛門は漁を切り上げ、屋敷に戻ることにした。翌朝は城での勤めがあるためだ。

しかし、せばりにいた漁師は「ただ今帰りたまふは悪《あ》しかりなん。この小屋にて明かさせ給ふべし」と言って止めた。

こんな夜中にお戻りになるのはお止めなさい。ろくなことがありません。この小屋にお泊まりになって、夜が明けてから戻られた方がよいですよ――という意味だ。

清右衛門は忠告に耳をかさずに帰路についた。

途中の経吹坂の村を過ぎると刑場の磔《はりつけ》場が見えてきた。そこへ差しかかったときである。

「向うの地蔵堂何となく鳴動して、屋根覆らんとす」ということになった。

しかし、清右衛門はひるまない。怪しいことと思いながら近づいてみると、堂は鳴動しておらず、異変もない。「何の所為《しょい》といふ事を知らずとかや」と結ばれている。

　こうした話は「百物語」の形をとって語られた。真夜中に青い紙を貼った行灯《あんどん》に百筋の灯心をともしておき、一話が終わるごとに一筋ずつ消していく。怖い話が語られるたびに広間の中は暗くなり、最後の話が終わって真の闇に包まれると怪異が訪れるとされていた。

　ある夜、藩主の前田利考が城（陣屋）内に宿直していた藩士たちを一室に集め、百物語を実行したのだ。妖怪変化をおそれず、それでいて謙虚な心を失わない武士の心を養うための鍛錬会だった。その席で藩士たちが実際にあったこととして語った怪異譚をまとめたのが『聖城怪談録』なのである。

　そうして百話目が終わり、広間は深い闇に包まれた。背筋の凍る寒気が部屋を支配する。言い伝え通りに物の怪が現れるか――。

　皆が固唾《かたず》を呑んで待ち構える。突然、庭でものすごい音がした。藩士たちがどよめいて外に出たところ、軒下には雪の小山。大屋根から滑り落ちた雪の響きと知れた。

　時は寛政十一年（一七九九）。その正月に催された怪談会であったのだ。

こはだ小平次の怪

現代人に最も知られている幽霊は『東海道四谷怪談』のお岩さんだろう。

妻のお岩に毒をあたえた民谷《たみや》伊《い》右《え》衛門《もん》は、雨戸の戸板に死骸を釘で打ちつけて川に流してしまう。

首尾良く悪事を隠した伊右衛門だが、本所の東の果ての砂村の寂しい掘割で釣りをしていると不気味な大ナマズが釣れた。やがて陽が傾き、あたりが暗くなり始めたころに戸板に打ちつけられたお岩の死体が流れ着く。有名な「戸板返し」の見せ場である。

歌舞伎の中村座での初演は、文政八年（一八二五）なので、人々を怖がらせたのは、江戸時代もかなり後期のことである。

お岩さんの先輩格の幽霊は小《こ》幡《はだ》小平次だ。現代でこそ知名度が落ちているものの小平次は浮世絵にも描かれるほど有名な幽霊であった。

この小平次の怪談も、じつは釣りと関係している。水中は異界であり、そこに垂れる一本の糸を通じて怪しの世界につながることがあったのだ。

彼が主役の物語は数多いが、オリジナルは戯作者山東京伝の『復讐《ふくしゅう》奇談安積沼《あさかのぬま》』。享和三年（一八〇三）の作である。

話の筋は複雑なので、さわりの部分だけを紹介してみよう。

小幡小平次は、地方回りの役者だった。小鰭《こはだ》小平次とも書いた。芸が下手なので、鰶《このしろ》に達しない小鰭にされてしまったのだ。芸の巧拙を魚の味にたとえた、あだ名であるという。コノシロは、すしネタに使われるニシン目《もく》の小魚。コハダはその若魚の呼び名である。

さて、この小平次には妻があったが、一座の安達左九郎と密かに通じ合っていた。左九郎は小平次殺しを計画し、奥州の旅先で小平次を釣りに誘い出す。彼は釣りが好きだったのだ。

「これよりほど近きに、安積の沼といふ大沼あり、魚おほしときく。少し雨やみあらば彼所に船をうかめて、釣をせばよき慰ならん」と誘ったのだ。

「しばらくのまに、あまたの魚を得たれば、後には酒のむ事も打忘れ、ただ釣にのみ心をとめて」と、釣り続けているうちに小平次が大きなコイを上げた。

「そよそよ、はやくおさへよ。逃すことなかれ」と騒ぐうちに小平次は足を滑らせて舟から沼に落ちる。左九郎は助けるふりをしながら殺してしまう。

左九郎は急いで江戸に戻る。小平次の妻に殺害成功を告げたところ、彼女は不審な顔をした。小平次は旅先で病気をして帰ってきている、と言うのだ。二人はぞっとして顔を見合わせる。小平次の寝ている部屋を開けると陰火がふわりと浮かび、引き窓を越えて飛び去った。

以来、左九郎と小平次の妻にはさまざまな怪異がつきまとう。二人が褥《しとね》を共にすると、その間に小平次の影が現れる。そしてついに小平次の妻は死霊に身を引き裂かれ、左九郎も非業の最期をとげるという物語だ。

江戸の人々は、書物や舞台で小平次の物語に接するたびに、魚釣りと怪談を重ね合わせて身を震わせていたのである。

どんど橋の紫鯉と鰻釣り

江戸の音羽町に一軒の麦飯屋があった。とろろをかけた麦飯や奈良茶飯を客に食べさせる店である。その店の主人は、近隣でウナギ釣りの名人として知られていたという。

佐渡奉行をはじめ勘定奉行や江戸南町奉行を歴任した根岸鎮衛《やすもり》が、在任中に耳にした不思議な実話を記録した『耳袋《みみぶくろ》』には「音羽町とかに住める町人、いたつて穴うなぎを釣ることに妙を得……」と書かれている。

この麦飯屋の主人が得意とした「穴うなぎを釣る」手法は、穴釣りであろう。先端に釣鉤《つりばり》をつけた細い竹竿を川辺の石垣の穴に差し込んで、そこに潜んでいるウナギを釣る方法である。江戸時代の早い時期からおこなわれていた釣り方だ。

ある日のことである。見慣れない客が一人でやって来て麦飯を食べた後、店の中に置いていた主人の釣道具に気付いて説教をたれ始めた。

「穴にひそみて居り候《そうろう》鰻《うなぎ》を釣り出すなぞは、その罪深し。御身《おんみ》も釣道具など多くあれば、釣りもなし給はんが、穴釣りなどは無用」とさとした。

ウナギの穴釣りは残酷な釣りだから、決してしないように、という注意を残して立ち去ったのだ。

しかし、雨の季節が訪れると、男は客の注意も忘れて穴釣りに出かけた。場所は、小石川と牛込の間を流れている江戸川の水が、堰を越して神田川に落ちて行く「どんど橋」のあたり。水音が昼夜をわかたずどうどうと響くことから、本来の船河原橋よりこう呼ばれることが多かった。

麦飯屋の主人は、ここで大物を釣り上げた。

「いかにも大きなるうなぎを得て、悦び帰りて例の通り調味しけるに、右うなぎの腹より、麦飯多く出けるなりと……」という不気味な結末を迎えるのだ。

このどんど橋は、岡本綺堂の『半七捕物帳』の「むらさき鯉」という、夜釣りを主題にした怪談仕立ての作品の舞台になっている。江戸時代の江戸川は、将軍によって殺生禁断の御《お》留川《とめがわ》に指定されていて、網を入れることも釣りをすることもできない。そのため大きなコイが数多く棲んでいた。

しかも普通のコイではなく、頭から尾鰭までが濃い紫の色をしている「紫鯉」だった。このコイを夜陰にまぎれてはこっそり釣り上げ、それを魚屋に売って金儲けをしていた草履《ぞうり》屋《や》の藤吉が事件に巻き込まれる物語だ。

藤吉が夜釣りに行っている間に不思議な女が訪ねてきて、女房のお徳に紫鯉を返してくれと訴える。その女の夢枕に紫の衣服を着た貴人が現れ、自分は藤吉の家に捕らわれているので助け出してほしいと告げたというのだ。

一方、藤吉は連れの為次郎が、釣ったコイによって川の中に引き込まれたと言って戻ってくる。二転三転のこの物語は、常ならぬ紫鯉と陰気な水音が響くどんど橋での夜釣りの組み合わせによって支えられている。

没年を雨傘に記した絵師国芳

まずは下の浮世絵をご覧いただきたい。

「東都御廐川岸之図（部分）」。雨傘には千八百六十一番と書かれている

江戸末期に活躍した歌川国芳（一七九八－一八六一）が、三十五歳のころに描いた「東都御廏《おうまや》川岸《がし》之図」（部分）である。

御廏川岸は両国橋の上流の地名で背景は隅田川。対岸の景色も霞む激しい夕立が地面をたたいて水しぶきが上がっている。右側の男は貸し傘屋か。脇に三本の傘を抱えている。

問題はこの男がさしている傘の番号だ。

「千八百六十一番」と記されている。

もう気付いた人もいるだろう。この数字は国芳の没年である。幕末の絵師が西暦を知っていても不思議はないが、彼は自分が死ぬ年をどうして作品に描くことになったのか。

たんなる偶然か、それとも何かの因縁か。男の顔は傘に隠されて不思議に満ちた絵なのだ。

その前を濡れそぼって歩く頬かむりの男はウナギ捕りである。私は長い間、男が肩にしている竿をウナギ搔《か》きの道具だろうと思っていた。それなら竹竿の先が輪になっているのがおかしいのだが、深くは考えないまま、そう思っていたのである。

ところが、これは釣道具だったのだ。鉤《はり》を使わないめずらしい釣りとして知られている「数《じゅ》珠《ず》子《こ》釣り」の道具なのである。

輪になった部分はミミズで出来ている。縫い針をつけた絹糸や麻糸で多数のミミズを縫い刺しにして幾重もの輪にしたものなのだ。これを竿の先に結んでウナギのいそうな所を探るとミミズのドーナツを口一杯に頬張って上がってくる。釣り人はそれをたも網ですくって漁獲する。

ズズコ釣りともいわれるこの釣りは、餌つけやウナギを鉤から外す手間から釣り人を解放してくれる。

普通の釣りでウナギがかかると鉤を外す間に糸にからみつかれて大変なことになりやすい。竿も仕掛けも手もウナギの粘液でねばねばだ。そんな経験を持つ人も多いだろう。それが数珠子釣りでは手際よく釣れる。漁獲と効率を重視した職漁の釣りだった。

釣道具に関しては竿・糸・浮子《うき》・錘《おもり》・鉤・餌――を意味する「釣り六物《りくぶつ》」という古い言葉があるのだが、数珠子釣りでは竿と餌だけの「釣り二物」。なかなか革新的な技法の釣りである。ちなみに江戸時代には、ウナギは祟《たた》る魚とされていた。ウナギ釣りにまつわる怪異譚が多いのはそのためだ。

川柳にも「太平に生首を積む蒲焼《かばやき》屋」という句がある。この生首は調理のために切り落としたウナギの頭なのだが、何となく不気味。

「鰻屋を止《や》めた咄《はなし》の恐ろしさ」となると、もう怪談だ。

貸し傘屋の前を歩く数珠子釣りの男は全体に陰気である。めずらしい釣り師の姿に心血を注ぐ浮世絵師の寿命を知っていたかのような表情である。

馬琴も信じた鰻のたたり

江戸のベストセラー作家であった曲亭（滝沢）馬琴（一七六七－一八四八）は、知人から直接聞いた実話としてウナギの怪談を記録している。

怪異を体験したのは儒学者、鈴木有年の叔父にあたる人物である。

有年の父は伊勢亀山侯の家臣であったが、その弟は若い時分に放蕩三昧のあげく家を飛び出し、江戸のさる鰻屋《うなぎや》の養子に収まっていた。

ある日のことである。その叔父と養父、つまり鰻屋の主人は市場にウナギを仕入れに行って戻ってきた。一休みして生簀《いけす》に移そうとすると見覚えのない大ウナギが二尾混じっている。二人は首を傾げたが、なじみの上客がきたときに料理しようと決めた。めずらしいものなので「価を論ぜずよろこばれん」という目論見である。

日をおかずして、その客が友人を連れて店にきた。主人は料理のために大ウナギを生簀から取り出し、頭に錐《きり》を打とうとしたが、誤って自分の手を深々と刺してしまった。

鰻登りの戯画。『北斎漫画』より

叔父が代わりに庖丁を握ると「その大うなぎ、左の手にきりきりとからみ付きて、締ること甚だしく」、たちまち脈も通わなくなった。さらには長い尾で叔父の脇腹を「息も絶るばかりに」痛打した。

難渋した叔父はウナギに向かって「汝《なんじ》、われを悩すとても、助かるべき命にもあらず。願ふは首尾よく裂してくれよ。しからばわれはこの家を立去りて、後々までかかる渡世をすべからず」と言い聞かせた。

そうして料理した蒲焼《かばやき》だが、客たちは「死人の如きにほひして、胸わろしとて吐きにけり」という結果となった。

その夜のことである。店の裏の生簀舟で大きな物音がした。何事かと生簀の蓋を開けると「あまたのうなぎ蛇の如くに頭をもたげてにらむに似たり」。さらには「ひとつ残りし大うなぎは、いづちへゆきけん、あらずなりけり」ということだった。

叔父は翌日その鰻屋から逃げ出した。養父が死んだのは一年ほど後のことである。口も利けず、ウナギのように水を飲むだけの最期であったという。

馬琴は「うなぎ渡世をするものは、末よからずといふよしは常に聞くことながら、こは正《まさ》しき怪談也。浮たる事にはあらずかし」と結んでいる。

さて江戸時代のウナギの釣り方のひとつが川の石垣にいるのを狙う「穴釣り」だが、時代によってその道具の形が違っている。

天保五年（一八三四）に出版された釣りの書物『魚猟《かわがり》手引』に載っている図は、細い竹と直《すぐ》針《ばり》を使う方法だ。この針は「地獄ばり」とも呼ばれた。

これより百年ほど昔の『何《か》羨録《せんろく》』には「杵淵隆見流鰻穴釣」という道具の絵があるが、細い竹ではなく、太い真竹の筒を使い、節を抜いてその中に釣糸を通した武骨なものだ。ウナギの穴釣りは、釣具の進化が著しかったわけである。

平戸の海の人魂

江戸もかなり末に近づいたころの話である。肥前平戸、現在の長崎県平戸市の沖の真っ暗な夜の海に一艘の小舟が浮かんでいた。

乗っているのは平戸藩士の泥谷という武士だ。召し使う下男に櫓《ろ》を漕がせて、行灯の明かりをたよりに餌のアマメ（フナムシ）を鉤《はり》に刺してタイの夜釣りを始めようというところである。

平戸藩には釣りを好む武士が多く、釣舟を所有する者もいた。この海での釣りは錨を下ろさずにおこなう流し釣りである。

流し方にはさまざまな経路があって「崎瀬の干《ひ》汐《しお》流」「羽島流」「飯盛地流」といった名前がつけられていた。その釣り場や舟の流し方の多くは各々の秘伝である。親しい友人の間で教え合うこともあった。そうして得た情報は「奥田氏口伝従成田氏伝授」などとして、手控えに絵図入りで記入されていた。

海が荒れてさえいなければ泥谷は毎晩のように舟を出していたのだが、この夜にかぎって下男が咽《のど》の渇きを訴えた。そこから半里（二キロ）ほどの所に清水の湧く岸があるので舟を寄せて水を飲ませてほしいと言う。

泥谷は釣りの最中であると下男をたしなめ、そのまま舟を漕がせた。下男はしかたなく我慢していたが、そのうち櫓を押しながら居眠りを始めた。するとどうだろう。下男の鼻から青白く光る火の玉が出て、暗い波間をふわふわと岸の方に飛んで行った。

しばらくすると火の玉は舟に向かって

『魚釣帳』に描かれた舟釣りの光景。深い海なので竿を使わず手釣りである

舞い戻り、するりと下男の鼻孔に入って消えた。その瞬間に驚いたように目を覚ました下男は不思議なことに咽の渇きも消えたと言う。居眠りしているうちに、岸に行って泉の水を飲む夢を見たと打ち明けた。

　夜の海に現れた人魂を目の当たりにした泥谷はさすがに気味が悪くなり、その夜は釣りを止めて引き揚げたのである。

　この怪異譚は、江戸で隠居中の前藩主松浦《まつら》静山《せいざん》公（一七六〇－一八四一）の耳に入るところとなり、有名な『甲子夜話《かつしやわ》』の一節として書き留められた。

私の手元には『魚釣帳』と『釣魚雑記』という二冊の手書きの古書がある。筆者は氏名を書いていないが、内容と日付から判断して松浦静山が夜釣りの怪異を記録したのと同時期の平戸藩士である。その中に、釣鉤の焼き入れの秘伝を記した部分がある。

　この秘伝は、知人を介して「泥谷三平治氏」から伝授されたものであると書かれていた。百五十年以上前の古書の海から怪異の断片を釣り上げたような不思議な感触だ。

　ちなみに江戸時代の釣り人にとって鉤の焼き入れは難しい技で、頭を悩ますところだった。武士の間で磯釣りが活況を呈した庄内藩でも藩士たちが苦労している。蝦夷《えぞ》地に向かう途中で庄内に立ち寄った長崎の通詞が製針の技術を持っており、一人が相応の謝金を積んで習ったが、決して他の藩士には教えようとしなかったということだ。

狐が娘に化けて釣果を盗む

江戸の人々は釣りの最中やその帰路で、しばしば狐に出合っている。狸が森に棲んで夜行性であるのに対し、狐は草地を好み、活動時間帯が釣り人の動きと重なりやすい朝と夕方であったからだろう。

そのためか、釣った魚を狐に魚をだましとられたという不思議な話が色々伝わっている。江戸町奉行の根岸鎮衛《やすもり》が、人々から聞いた話を収録した『耳袋《みみぶくろ》』にも、そうした体験談が載っているのだ。

「大久保原町に肴《さかな》商ふ滝介といへるものありしが、或夜、目白下、水神橋の下へ友どち両人連れにて、鰻《うなぎ》を釣りに出しに思ひしより得物多く、両人畚《ふご》一盃になりしかば、最早帰らんと滝介申しけれども連れの男、今少しと得物にひたりて手間取る内、水神橋の上を若き女あわただしく後へ行き先へ行き、幾辺《いくへん》ともなく往来せる間、有様を見るに、渠《かれ》は必定《ひつじょう》身投げなるべし」

女人に化ける狐。刀の小柄

大久保原町は、現在の新宿区内。夜釣りでビクがいっぱいになるほどウナギを釣ったにもかかわらず、もう少し釣ろうとしていたところ、橋の上に身投げをしそうな娘が現れた。

「止めとらせんと、両人ながら陸へ上り、さて彼女を呼びかけ、御身《おんみ》いかなれば、かく往来し給ふと尋ねしに、彼女恥かしげに答へけるは、我等は継母《ままはは》の憎しみをうけ、ことに思ふ男にも添ひ候《そうろう》事ならざれば、身を投げ死なんと思ふなり」

娘は泣きながらこたえた。釣り人の男二人は、娘の家に一緒に行って母親を説得してやろうと申し出る。

二人は橋の下に釣道具を取りに戻って仰天する。

「片へに置きし畚・釣道具を尋ね、持ち帰らむとて右畚を見しに、畚には得物一つもなし。両人とも同様なれば、驚きて彼女を尋ぬるに行方なし。全く狐に誑《たぶ》らかされしならん」

ビクの中は空っぽ。橋の上に戻ると、女の姿も消えていたということだ。

これと似た話が『譚海《たんかい》』という書物に載っている。

秋の日に江戸湾に注ぐ河口で一日、魚を釣ったその帰り道のこと。

「魚あまた釣りえて、今はとて舟に乗りて帰路におもむきしに、橋の下を過ぐる時、橋の上に奴《やっこ》一人ありて、舟の中へ小便せんとせしかば、こは憎きやつこかなとて、舟を岸に付けて追ひ打たんとて、舟より上がりて見れば奴見えず。さて、舟に乗りてまた次の橋下を過ぐるに、先の奴また橋の上に立てり。すはまたここに有り、憎きやつかなと、舟を岸に著けたれば奴また見えず。またまた不思議なる思ひをなし、舟に帰りて見れば、釣りえたる籃《かご》の中の魚、残らず失せたり」

これも狐の仕業であるという。「魚に唾《つばき》を吐きかけおく時は、狐に取らるることなしとなん」という被害防止の方法も言い伝えられていたほどである。釣り人は、狐を警戒していたのであった。

老狐が守る空き屋敷の池

釣り人には他のことが目に入らぬほど熱中する時期がある。そういうときには何があっても釣行を止められないものだ。釣りという遊びには、人間を水辺に引き寄せる魔力じみた力が備わっているらしい。

二百六十余年にわたる徳川政権が崩壊しかけていた幕末期――。この天下の浮沈にかかわる騒乱のさなか、釣りに入れ込んでいた幕臣がいた。御徒《おかち》衆の山本政恒《まさひろ》である。禄高七十俵五人扶持の御家人だ。天保十二年（一八四一）生まれなので、当時二十代半ばの若さだった。

この青年武士が、晩年にまとめた『政恒一代記』に黒船や倒幕運動で揺れていた江戸での釣り遊びが記録されている。ちなみに御徒の職務は、将軍外出時の警護。御徒衆は武芸と水練が達者でなければつとまらなかった。そういう厳しい役目の武士が釣りに目の色を変えていたのである。

「釣。隣家に住し人と同行し、砂村長州侯の下座敷六万坪の屋敷と云、門内に入大池あり、築山あり、裏に土手あり、堀あり。大池にはぼら・いな飛はねること夥多《かた》なり」

「砂村長州侯の下座敷」とあるのは、江戸湾を埋め立てて造成された砂村新田に長州藩の大名・毛利家が土地を購入し、そこに建てた抱屋敷のことだろう。

大名の上屋敷や下屋敷は幕府から拝領するものだが、抱屋敷は自前の屋敷なのだ。それはさておき、幕臣の山本政恒は、同僚と一緒に長州藩の屋敷に入り込み、そこで勝手に釣りをしている。どうしてそんなことができたのか。

長州藩は、元治元年（一八六四）七月、京都で蛤御門《はまぐりごもん》の変を起こした。このクーデターの失敗で、長州藩は江戸の土地屋敷を幕府に没収されていたのである。政恒らが釣行した年月は書かれていないが、事変後間もなくのことだろう。

無人の庭園の大池や堀では、イナや良型のボラがさかんに跳ねていた。政恒はボラ釣りの道具を用意していなかったので、一人で別の池でフナを狙った。

釣れた、釣れた。入れ食いさながらの好釣で「四五寸以上の鮒《ふな》、およそ三十枚余釣り得たり」。一二〜一五センチを超えるサイズの獲物だった。

やがて夕陽が西に傾き、広大な屋敷の地面に木立の長い影が落ち始めた。そんな夕景の中、政恒がふと後ろを振り向くと、築山の上に大きな狐が現れてじっとこちらを見下ろしていた。

「山の上に大きなる狐を見たり。はなはだ気味悪く思ひ、残念ながらその所を立退き」と書いている。

築山の上に出現した老狐は、政恒のような不届き者から池のフナを守る役目を帯びていたのかもしれない。政恒はその後、銃隊取締役として京都に赴き、鳥羽伏見の戦いに巻き込まれるのであった。

【第2章】

武士の釣り

遊びの釣りの開拓者は武士だった。徳川政権の確立で戦乱の時代が終わり、彼らには心と時間のゆとりが生まれた。武士の都市は波静かな江戸湾を擁し、釣り発展の必要十分条件が整った。釣竿には弓と矢を製する技が生かされ、錘《おもり》には鉄砲の鉛弾が流用された。釣りは軍事技術からスピンオフした趣味だった。

雨武将、松平家忠の鯉網漁

松平家忠《いえただ》（一五五五－一六〇〇）は、江戸幕府が開け、武士による趣味の魚釣りが始まる時代――の前夜を生きた三河（現在の愛知県中央部）地方の武将だった。

合戦の合間には鎧《よろい》を脱ぎ、夏は川のアユを、冬は池のコイを捕って楽しんだ。その打ち込みぶりが彼の日記に残されている。まずは、彼が好んでおこなった冬の鯉網漁についてみてみよう。

その回数を調べると、天正五年（一五七七）から同十七年（一五八九）までの間に、計三十四回にのぼり、年々増えている。天正五年から同九年までは五年間で五回だが、十一年はこの年だけで五回。以下、十二年・三回、十四年・三回、十五年・四回、十六年・六回、十七年・八回――となっている。

象牙の根付。侍が片肌脱いで大ゴイの料理にかかっている

いずれも時期は、十一月と十二月がほとんどだ。まれに十月や一月の日付も混じる。漁法は「白縄引」と「網引」の二種類だ。場所は、もっぱら深溝《ふこうず》の居城から北西一里（四キロ）に位置する永良の長池である。寒さを避けて池の深みに集まっているコイやフナを捕るのだが、白縄引は白い布切れをつけた縄を水面で動かして、驚いた魚を網に追い込む漁法。

網引は、地《じ》曳《びき》網のようなものだろう。川ではなく、流れのない池だったので網が引けた。ともあれ、網漁なのでたくさん捕れている。一番の大漁は天正十七年十二月一日の「鯉八十本、鮒三百」だ。

天正十五年十二月の七日と八日には「鯉七十五本、鮒五十枚」「鯉六十五本、鮒三十五枚」を捕っている。この年の九月に家忠は「鯉あみ」を新調している。その効果だろうか。それまでは親しい武将から大網を借りていたようだ。

ところで、戦国武将の松平家忠は、どうしてコイを好んで漁獲したのだろうか――。

その答えは時代である。公家文化の影響が色濃く残る安土桃山時代には、コイはタイより価値があった。

室町時代に足利将軍が有力大名の邸宅を訪問した際のもてなしの主餐《しゅさん》は、コイ料理だった。タイが高く評価されるのは、徳川家康によって武家政権が確立した江戸時代になってからである。

家康の従弟の家忠が長生きして天下太平の世を満喫していれば、網漁から釣りへと進み、江戸湾でキスやハゼを相手にしたことだろう。だが、家忠は関ヶ原の合戦前夜の慶長五年（一六〇〇）八月に討ち死にしている。家康の命で伏見城を守っていた家忠勢は、石田三成の軍勢に包囲された。戦闘のさなかに城は炎上し、家忠は自刃《じじん》して果てた。四十六歳だった。

彼の祖父も父も合戦で命を散らしている。まさしく戦国の世であった。

そうした日々の中で、魚捕りに興じた松平家忠は、不思議な人物だった。彼は雨に強い関心を示していて、日記にも「夜雨はらはらとふる」「あさ雨ちとふる」「雨降、はらはら」などと記している。詩的な表現だ。

日記には落書きふうの絵も書き込まれている。鵜《う》と魚、漁をする人、アユやコイ、人魚、馬や鹿、猿、鼠から将棋の譜面などまで約二百点。

夏は鎧を脱いで鮎の川狩

三河の深溝《ふこうず》は現代の愛知県幸田町にあたる土地である。そこに城を構えていた若き戦国武将、松平家忠は魚捕りが好きだった。

武田軍との合戦の合間を縫うようにして、魚捕りに繰り出している。

家忠の魚捕りは、二種類に分けられる。初夏の川での「川狩」と真冬に池でおこなった「網引」だ。

彼の日記から、その回数をひろうと、天正五年（一五七七）から同十七年（一五八九）までの十三年間に、川狩は四十六回、網引は三十四回にのぼる。

仏教の殺生戒《せっしょうかい》も何するものぞという回数だ。家忠や従兄の徳川家康が「上様」とあがめていた織田信長による比叡山焼き討ちは元亀二年（一五七一）のことである。信長の行いによって、漁師以外の者による殺生をいましめてきた仏教の影響力が薄らぎ始めていたのだろう。

とはいえ戦国の世である。網引の陣頭に立つことはできても、武将みずからが、のんびり釣糸を垂れるまでの心の余裕はなかったとみえる。日記の中に家忠が釣りをしたという記録はない。

ところで夏の川狩で、家忠はどのようにして、どんな魚を捕っていたのか――。

その情報は少ない。場所も方法も捕った魚についてもほとんど書かれていない。

例えば、天正七年（一五七九）五月に家忠は三回、川狩をしているが、日記には「川かりに越候《こしそうろう》」とあるだけだ。

翌六月には、一日・四日・十三日・二十九日・三十日――と五回の川狩をしており、一日にだけ「小美《おい》え川狩に越候」と場所の名が書かれている。

小美は、深溝の城から北北東に四里（八キロ）の土地で、矢作《やはぎ》川の支流の乙川が流れている。

続く七月には八回。そのうちの二回に「小美」と「保々《ほぼ》」の地名が見える。保々は小美の南に位置し、ともに家忠の所領だった。

獲物と手段についての手がかりが得られるのは、天正十一年（一五八三）七月の記録からである。

四日「小美へ、川かりに越候」。五日「あゆたて川落し候、鱸《すずき》二十本とり候。深溝へ帰り候」――とある。川狩では、アユやスズキを捕っていたのだ。

たて川を漢字で書けば「断川」や「立川」だ。漁獲禁止の川のことで、領主専用の川を意味することもある。

そこでおこなわれた「落し」とは、どんなものだろう。小板などをつないだ縄を曳いてアユを脅かし、網に追い落とす方法だろうか。

あるいは、竹で組んだ簀《す》の上に川の水を落として魚を捕る梁《やな》漁のような漁法かもしれない。

いずれにしても、家忠にとって川狩といえば、アユ漁であったのだろう。だから、わざわざ魚名を書くことをしなかったのだ。

日記をたんねんに見ていると天正九年の八月十三日に「十日の風雨に宇谷川へ鮎入り候」とあった。それに続く十六、十七の両日、家忠は川狩に繰り出している。やはり川狩の対象は、アユだった。アユは「あゆのすし」などとして、しばしば武士の食膳に添えられた。

戦国武将の正月膳は鯉と鯨

天正十年（一五八二）六月三日――。三河の武将、松平家忠は緊張した面持ちで筆を持ち、日記にしるした。

「雨降。酉刻《とりのこく》（午後六時）に、京都にて上様に明知日向守《ひゅうがのかみ》、小田七兵衛別心にて御生害《ごしょうがい》候由《そうろうよし》、大野より申来《もうしきたり》 候《そうろう》」

前日の二日夜に、京都で起きた本能寺の変の第一報である。

上様とは織田信長、明知日向守とあるのは明智光秀のことだ。光秀らの謀反による信長死去の急報が翌三日の夕刻には名古屋に届いたのだ。松平家忠は、徳川家康の従弟で、このとき二十八歳。

家忠が書きつづっていた日記には、武田勝頼も「敵勝頼」などとして、しばしば登場しているが、この年の四月に勝頼は信長との合戦に敗れ、自刃《じじん》している。

それから百日もたたないうちに、今度は信長がたおされてしまったのだ。

この風雲急を告げる戦乱の時代の中で、何と松平家忠は魚捕りに精を出しているのである。

彼の魚捕りは、寒い季節にもなされているのが特徴だ。この天正十年には、十一月二日にその記録が見える。

「雨降、あみ引き候。鯉六十本、鮒五百枚取り候」

こうした冬の鯉漁は、ほかの年にもおこなわれている。

天正五年（一五七七）の場合は、十一月十日。「長池にて白なわ引かせ候、鯉三十三本取り候」とある。白なわは、追い込みの網漁の一種である。

大漁だが、いつもそうとは限らない。天正六年十二月十日の場合は「長池にて白なわ引かせ候。風吹にて魚なし」という結果に終わっている。

この年は、敵の武田軍がしきりに南下してきていた。その軍勢が甲斐の国に引き揚げたのは、初雪が舞った十一月二十七日の直前だったので、それまで冬のコイ捕りをする余裕がなかったのだろう。

次に武田勝頼の軍勢が現れるのは翌天正七年四月二十三日のことなので、雪の季節は停戦状態だ。

この四月の侵攻に対しては徳川家康も撃退に出陣した。武田軍は交戦することなく退却している。合戦が途絶えたためか、家忠は初夏の川狩に熱中する。五月は三回、六月五回、七月には八回。獲物はアユだろう。

八月になると家康が軍勢を動かし始めており、家忠の川狩も止む。七年には冬の網漁がおこなわれていない。戦国武将の魚捕りには戦局が大きく影響するようだ。

ところで家忠の正月の行事は、どのようなものであったのだろう。

天正八年の一月二日には謡曲初めの宴。七日、八日、十一日、十二日と鷹狩をおこない、十三日にはめでたい佳例之連歌を催している。

「けふ（今日）よりや春もいく世の宿の松」

家忠の詠んだ句だ。冬の漁で得たコイは、生かしておいて正月の祝宴に使われていたのであろう。天正十五年以降は、正月に初鯨の肉を贈られることが多くなっている。

家康の曾孫がはぜ釣り開始

徳川家康の曾孫《ひまご》で越後村上藩十五万石の藩主だった松平大和守直矩《やまとのかみなおのり》（一六四二－九五）は、魚や鳥をはじめとする動植物に強い関心を持っていた人物だった。

生まれは寛永十九年なので、豊臣方が滅びた大坂夏の陣からも二十七年が過ぎており、平和な戦後派世代である。父直基が急死したため、わずか七歳で家を継ぎ、大名となっている。二十歳前の大和守の日常は、多くの生きものに囲まれていた。

万治二年（一六五九）五月の日記もそのありさまを物語る。

五日「大鶯《おおうぐいす》見る」「るりの子二、おけら子二、鳥や方でくるる」。六日「雲雀《ひばり》二疋、川原ひわ一、下屋敷より取来る」。七日「下屋敷にてひばり七ツ、雀《すずめ》一ツ取来る」。十三日「かうるりの子、こま鳥の子もとむる」。二十九日「はなしがいゐんこ壱羽《いちわ》もとむる」「白頭鳥とりよせ見る」。三十日「郭公《かっこう》の子壱ツもとむる」——という状況だ。

同月には子馬を含めて馬を三頭ほど入手しているし、六日と十二日には家臣に投網などで堀の魚を捕らせて「ゐび、たなごかかる」「鯉壱本とうあみにて打つ」と記録している。

この青年大名が釣りに夢中になったのだ。

同年九月二十三日のハゼ釣り（文字で書かれた近世最古の遊びの釣りの記録）に続いて、寛文二年（一六六二）八月十三日には、ふたたび江戸湾の芝沖に舟を出している。小雨の中での釣りだった。結果は「はぜ十二我　同二十四与市左衛門　同十七内黒鯛壱庄兵衛　同四半助　同十五主米助内黒鯛壱　同三弥三郎内黒鯛壱　同十五木村真左衛門　四五十舟頭二人」。

三年前に比べるとハゼの数も増えているし、クロダイも混じって好調だ。供舟も一緒に出ていて、十五人以上の家臣の名がならぶ。百尾も釣った茶坊主がいるかと思えば、三人の武士は「舟に酔、先へ帰る」と日記に書かれている。

九月六日にも同じ海に出かけた。このとき大和守は「魚釣覚」としたためたうえで「石かれい壱　はぜ壱我」と記録している。供のなかにはキスを釣った者もいたが、獲物の大部分はハゼである。ちなみに、武士たちによる趣味の釣りで、キスが思うように上がるようになるのは、これから五十年ほど後のことである。

大和守は参勤交代で領国の越後村上に戻っているときも魚を捕り、釣りをして楽しんだ。村上は現在の新潟県村上市。

寛文三年六月二十五日には村上の高根川へ「川狩」に出かけて「あゆ数千二百五十」。釣りではなく「飛網」などで捕ったものだ。

二十八日には、城から一キロほど北にある三面《みおもて》川の筏場に出かけ、ウグイを釣った。

二日後の七月一日には、川を舟で下って日本海に面した岩舟に行き「早釣」をした。「うぐい二百余、我一人してこれを釣る。供の面々も少々づつ釣る」と誇らしく書き留めている。

釣り旗本、津軽采女と忠臣蔵

津軽采女《うねめ》政兕《まさたけ》は趣味の釣りの世界に大きな足跡を残した人物である。

寛文七年（一六六七）に江戸に生まれ、元禄から享保年間を経て寛保三年（一七四三）に七十七歳で世を去った四千石の旗本だ。

上中下巻の『何羨録』。この写本は『河羨録』の表記になっている

徳川家に仕える幕臣のうち禄高二百石以上・一万石未満が旗本で、二百石に満たない家臣は御家人《ごけにん》として区別されていた。

全幕臣二万二千人のうち、一万七千人が御家人なので、旗本であるだけで特別なことであり、四千石ともなれば天下御免の大旗本だ。

しかし、彼は立身出世を求めることなく、生涯を江戸湾での釣りに打ち込み、その経験をもとに筆を執り、『何羨録《かせんろく》』という釣りの大著を遺している。

享保八年（一七二三）までに書き上げられていたとみられるので、現存するうちでは最古の釣りの文献だ。全体は三巻に分かれており、キスの釣り場編、釣竿・錘《おもり》・釣鉤《つりばり》等の道具編、天気を読むための気象編――という構成で、後世の釣りの書物に多くの影響をあたえている。

これだけの紹介だと気楽な身の上の幸福人と思われそうだが、現実はさにあらず。一言で表現すれば、薄幸不運の人だった。

まず、家族運がない。父親が三十代半ばで病死したので、数えの十七歳で家督を継ぐが、無役の旗本集団の小普請組《こぶしんぐみ》に入れられた。四千石なので本来なら寄合組に編入されるべきなのに、格下の小普請組に落とされてしまったのだ。

だが、その才能によって元禄三年（一六九〇）、時の徳川五代将軍綱吉の側小姓に抜擢された。秘書官に相当する役職だ。このとき二十四歳。生類憐みの令の将軍と釣り旗本という不思議な組み合わせだった。

元禄六年八月十六日には綱吉によって「釣りと釣舟の禁止令」が出されるが、津軽采女はその七日前に側小姓の役を辞している。前年に城中で負傷した足の怪我の回復の遅れが辞職の理由だったが、それだけではないだろう。

ともあれ、それから綱吉が世を去る宝永六年（一七〇九）までの約十五年間、江戸では漁師以外、釣りをすることができなくなった。わが国の釣魚史上の暗黒時代だ。庶民が違反すれば島流し、武士なら切腹ものだった。

さて、辞任から九年後の元禄十五年十二月には、旧浅野家家臣団・赤穂浪士による本所の吉良邸討ち入り事件が発生する。

世間は喝采した討ち入りだったが、何という運命のいたずらか、津軽采女は吉良上野介の娘婿であったのだ。悪役・吉良方の一員ということで、いわれのない誹謗中傷を受けたようだ。

さらに気の毒なことに上野介の次女、あぐりは采女の妻となった翌年に病死している。浅野内匠頭は津軽采女と同い年、しかも内匠頭夫人の名も同じくあぐり。じつに不思議な因縁だ。

津軽采女の親族は次々、世を去って行く。彼には四人の弟がいたが、いずれも二十代の半ばまでに早世している。若妻あぐりを亡くした後に迎えた後室の間に九人の子をもうけたが、この子たちも幼くして、あるいは若くして次々死んでいった。

九番目の子に采女は内蔵助《くらのすけ》という名をつけている。大石内蔵助を意識した命名に違いない。四十七士の影を身内の不幸に重ね合わせていたのだろう。

しかし、最後の内蔵助も他界してしまい、その一年後の享保十九年（一七三四）に采女は六十八歳で幕府に隠居願いを出している。

津軽采女はこうした悲しみを胸に秘めて海原を見詰め、栄達からは距離を置いて釣りをしていた。『何羨録』という書名から「何ぞ羨《うらや》まんや」という、つぶやきが聞こえてくるようだ。

綱吉を痛烈批判の尾張藩士

江戸時代の元禄（一六八八－一七〇四）ごろのことである。

徳川御三家・尾張藩六十二万石の家中に朝日文左衛門重章《しげあき》という百石取りの武士がいた。

この文左衛門は『鸚鵡籠中記《おうむろうちゅうき》』と題する日記を、元禄四年から享保二年（一七一七）の二十六年半にわたって書いている。十八歳のときから、四十四歳までの日々の記録である。

内容は、遊興に関することや、藩内で起きた喧嘩《けんか》、斬り合いなどの事件が中心だ。

文左衛門は酒好きで、武士でありながら芝居見物も好きだった。そして「殺生《せっしょう》」も、彼の趣味のひとつである。当時の殺生とは、遊びで魚を捕ることだ。朝日文左衛門は、しばしば釣りや投網漁に出かけている。

ところが、彼の時代の将軍は、犬を人より大事にした「生類憐みの令」で士民を苦しめた徳川綱吉だ。綱吉は動物愛護のために色々な禁止令を出しており、「釣りと釣舟の禁止令」も含まれる。趣味の魚釣りは、元禄六年（一六九三）八月十六日をもって禁止されていた。

にもかかわらず、文左衛門と同僚の侍が殺生を楽しんでいたということは、江戸の将軍の命令を公然と無視していたわけである。

文左衛門は、日記の中で将軍綱吉を痛烈に批判している。「江戸の有様、戦々競々たり」「御行跡驚奇にして人意の外に出る事多し」「江戸中の者、狗《いぬ》を尊むことは頃日の事にあらず」「博愛仁に偏し、昆虫に及び……」という具合だ。

そう義憤しつつの殺生だが、文左衛門は魚捕りの名人とは言い難い。むしろ、その逆の方だ。例えば、投網をかついで、鮭《すばしり》を打ちに郊外へ遠征したときには誤情報に振り回された。この先には「百千の鮭魚、波を噴いて活発々《かっぱっはっ》たり」という釣り場があると聞かされ、「深泥膝を没して足跡抜くべからず」という悪路を腹ばいで進む。魚を捕りたい一心だ。

ところが、ようやく到着すると、どうだろう。葭《よし》の下に小さな水たまりがあるだけだった。「細魚の一つも見えず。あらかじめ大いに違いて帰る」とある。元禄七年七月二十七日のことだ。すばしりは鯔《ぼら》の未成魚。

二カ月後の九月二十日には、買ったばかりの「唐網《とあみ》（投網）」を携えて地蔵池に行った。「潦《ろう》水《すい》尽きて寒潭《かんたん》清く、細鱗空中に潜み、鰻鮧《まんい》（うなぎとなまず）泥裏に入る。わずかに鮠《はや》十ばかり取り帰る」。

いろいろ理屈を述べているが、要するに太陽暦では十一月七日だったので水は冷たく、めぼしい魚はいなかったのだ。

ちなみに文左衛門が知人の紹介で購入した投網の代金は一分だった。今の金額では約二万円にあたる。初漁の獲物が鮠十尾では、ちょっとさびしい。

それでも尾張藩士、朝日文左衛門重章の殺生は、めげずに続く。

暇な城勤めで日々釣り三昧

尾張藩士の朝日文左衛門は、隠居した父親の跡を継いで元禄七年（一六九四）に、御城代組御本丸御番に任ぜられた。二十一歳のときである。

職名はいかめしいが、名古屋城の警備係である。勤めは宿直を伴うものの九日に一度でよい

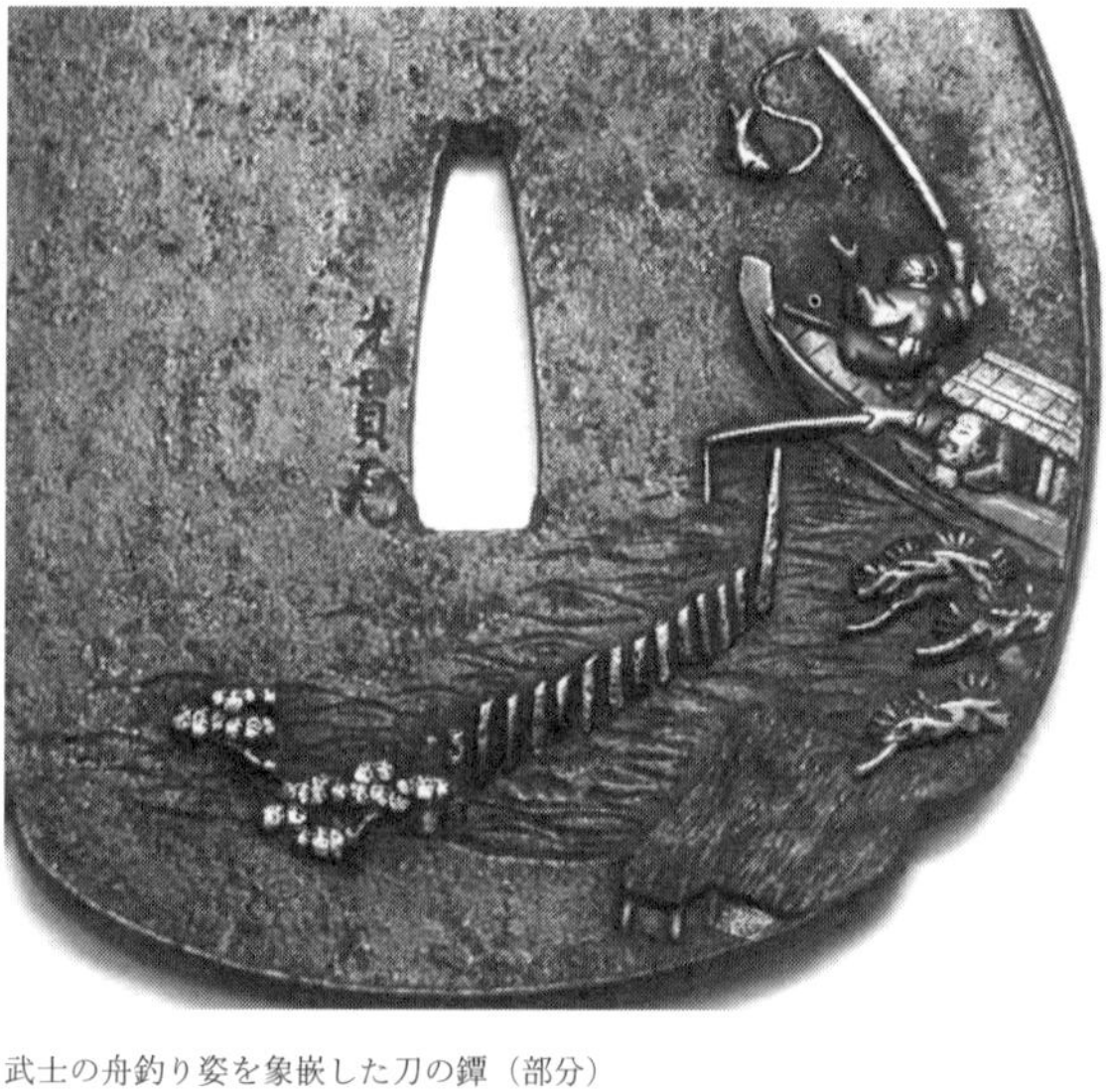

武士の舟釣り姿を象嵌した刀の鐔（部分）

ので、いたって暇である。

幕府も諸藩も、戦時体制のまま平和な江戸時代に移行したので人員過多だった。当時の武士のなすべき仕事量は少なかったのだ。

暇であれば、誰しも余暇を楽しむ。文左衛門の場合は、浄瑠璃《じょうるり》見物とならんで、魚捕りを趣味にした。魚捕りは、川での釣りと投網《とあみ》である。屋敷は三百坪ほどの広さで板塀で囲まれ、城の東に位置していた。この時代なので屋根は藁葺《わらぶ》きである。

その屋敷から文左衛門は味鏡《あじま》や勝川《かちかわ》、川名といった村々に足を運んだ。北西に五キロほどの土地である。近くには、やがて南流して伊勢湾に注ぐ庄内川が西に向かって流れているという場所だった。

元禄七年の日記を見ると、この年の文左衛門の魚捕りは、五月六日の「唐網（投網）打に行」に始まる。矢田辺という場所だ。

翌月の閏五月は計四回。十四日「味鏡へ鮠《はや》釣に行」、二十二日「唐網を持、金屋坊へ殺生に行」とある。二十六、二十七日は「唐網打」と「鮠釣」である。

六月一日には、中嶋勘八と一緒に川名へ唐網を打ちに出かけた。「鮠百五十余、うなぎ一、鮎《あゆ》一、鮒《ふな》二十枚余」という、自慢すべき大漁だった。

十二日にも川名へ唐網に行った。十八日の記録には「地蔵池にて魚を打たす」とある。この日は大田元右衛門と関円右衛門を連れて行っている。投網の使い方を教えたらしい。

二十六、二十八日も同じく川名での唐網打ちに興じている。
七月は、二十七日の「鯐《すばしり》打」のみ。

八月は、二十二日に勝川へ出かけて「鮎打」をしている。だが、「網古く渋なくして、一かたまりに成《なる》こと多し」ということで、うまくいかなかったらしい。

九月は、一日に牛巻で「唐網を打。鮠を取」。二十日は新調の唐網をたずさえて、地蔵池に行った。「わずかに鮠十斗《ばかり》取帰る」。水が冷えて魚影が少なかったようである。

文左衛門は多くの場合、仲間の侍と一緒に魚捕りを楽しんでいる。閏五月十四日の場合は、四人の侍が文左衛門のハヤ釣りを見物にきたと書いてある。

尾張藩で釣りをする武士は、まだ少数派で、めずらしかったのだろう。

ちなみに、五代将軍徳川綱吉によって「釣りと釣舟の禁止令」が江戸で出されたのは、元禄六年（一六九三）八月十六日のことだった。

文左衛門はそのことを同年八月二十九日に書いている。「雨降。江戸にて殺生禁断なりと云」発令から十三日後に、江戸から名古屋に伝わっている。当時の情報の伝達速度を知るうえでも面白い。

釣りして綱せず

「釣り好きが寄つて孔子をやたら誉《ほ》め」という江戸時代の川柳がある。

　どうして釣り人が孔子をほめたのか。孔子は『論語』を残した古代中国の思想家だ。謹厳実直を絵に描いたような人物と釣りとの間に、どんな接点があったのだろう。その答えは『論語』の中にある。

「子《し》釣りして綱《つな》せず、弋《いぐるみ》して宿《しゅく》を射ず」と書かれているのだ。

　綱は、たくさんの枝鉤《えだばり》をつけた延縄《はえなわ》のことである。綱ではなく網となっている本もあるが、言わんとすることは、多獲の戒めだ。ちなみに、弋は糸をつけた矢を放って飛んでいる鳥を捕る方法。夜、眠っているところを狙わないというのが、宿を射ずの意味である。

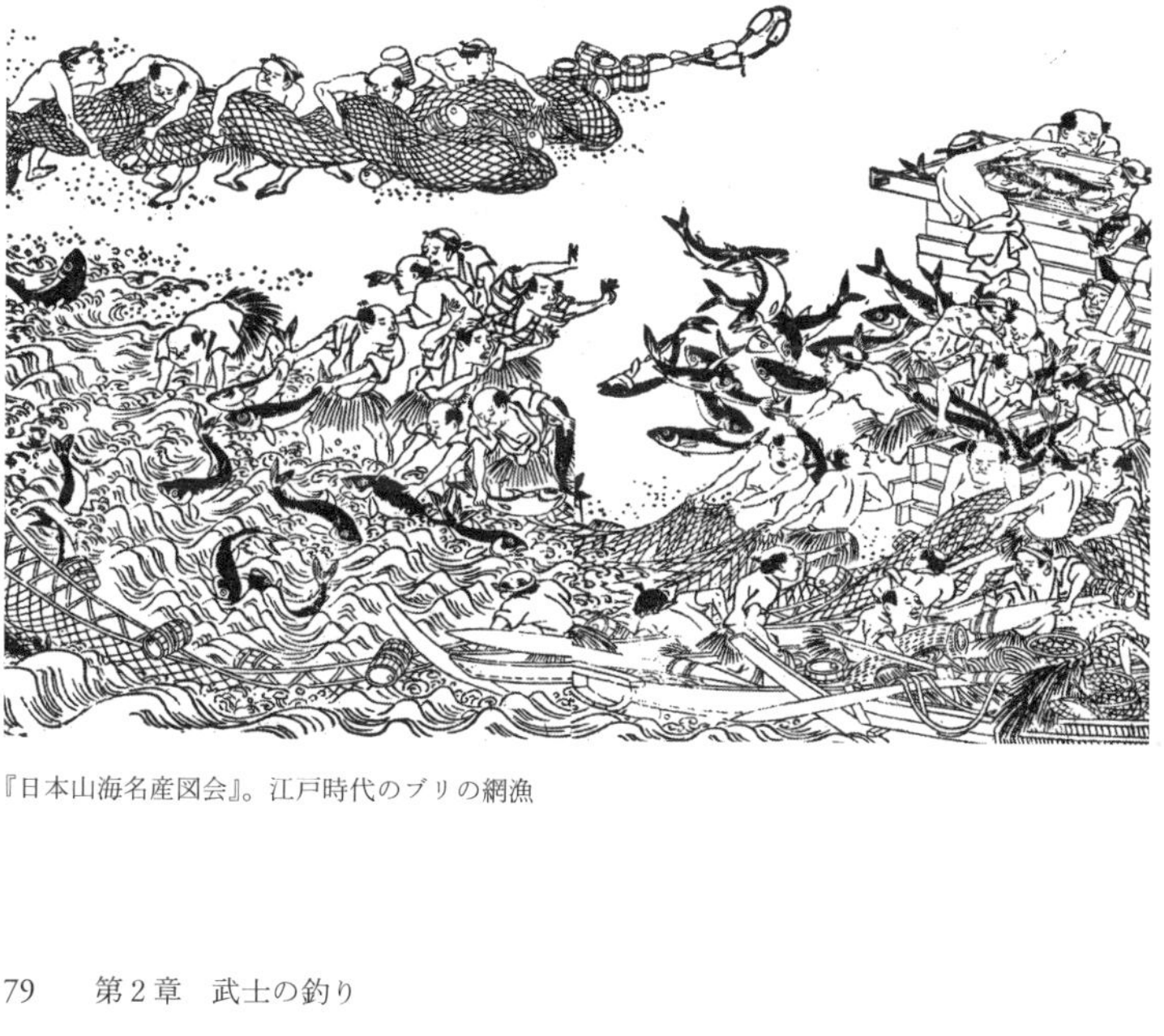

『日本山海名産図会』。江戸時代のブリの網漁

子とあるのは、もちろん孔子のことだ。江戸時代の釣り人たちは、自分たちに都合良く論語を解釈した。

「あの孔子様も釣りをしておられるのだから、おれたちも頑張らなくては」と勝手な理屈をつけては、釣りに繰り出していたのだろう。

冒頭の川柳は、そうした事情を詠んだものだ。話は少し異なるが、孔子の子供の名前は鯉《り》であった。成人後は、伯魚《はくぎょ》と名乗ったそうである。

教科書では習わなかったが、孔子は釣りや魚と縁の深い人物だったのだ。この話は江戸前期の儒学者、林羅山が書いている。

これに対して、我らが尾張藩士、朝日文左衛門はどうだ。彼はさかんに網を使って魚を捕っている。武士の間で釣りが始まって間もない当時の尾張では、職漁と遊漁の間に判然とした区別がついていなかったのだろう。

遊びの釣りの先進地、江戸においても、初期には元禄の尾張と同じような混然性が見てとれる。万治二年（一六五九）に、江戸湾でハゼを釣って、遊びの釣りの最も古い記録を残した越後村上藩の青年大名、松平大和守の場合も、しばしば網漁に興じている。

例えば大和守が領国に戻っていた寛文三年（一六六三）九月のことである。

牛屋ノ淵という所にアユが入ったという知らせを受けた大和守は「幸いの事とて立ち寄り、浜より大網取り寄せ、引かせ見物」した。その網での獲物は「魚数二千七百三十一」という大漁。大型のアユとサケが主体で、ウグイやヤマベ、フナも混じった。孔子が『論語』で諭した多獲の戒めも何のそのといったところである。

　文左衛門の日記によると、武士の身でありながら、熱田沖に舟を出して「沖殺生」をする藩士の中には「魚商売之儀」に手を染める者もいたようだ。

　元禄十五年（一七〇二）閏八月には、藩の御目付から、こうしたことを慎むようにとの通達が出されている。「召仕に至るまで堅く相守るべし」との念の入れようだ。

　舟の上での音曲も問題になっていた。「鳴物をもつての甚だしき遊興、又は作法よろしからず族《やから》も之《これ》有る旨《むね》、相《あい》聞こへ候《そうろう》」と警告している。釣りが洗練されるには、しばらく時がかかるのだ。

尾張藩、「鮫釣」を雇う

　家禄百石の尾張藩士、朝日文左衛門の二十六年余にわたる日記には、いろいろなことが記録されている。

　サメ退治の話もある。貞享四年（一六八七）六月二十四日のことだ。

「熱田沖にて、鮫喰殺猟師」とある。

伊勢湾奥の名古屋城からもさほど遠くない海で、漁師がサメに襲われて命を落とすという事件が起きたのだ（江戸時代には漁師も猟師と表記されることが多かった）。

尾張藩は、連日十四、五艘の舟を出してサメを捕らえようとしたが、果たせなかった。そのうち、次の犠牲者が出てしまった。

藩では、報奨金を約束して四人の「鮫釣」を伊勢湾の湾口に浮かぶ答志《とうし》島から雇い入れた。

シャークハンターだ。

「七月十八日に、五尺程の鮫一本釣。同十九日八尺五寸程の一本つる」

一・五メートルと二・六メートルのサメは、車に載せられて城内に運ばれ、見物に供された。これらのサメが釣れたころ、答志島から二人の古老がやってきた。尾張藩に頼まれた大事な仕事なので、若い者に任せきりでは少々、心許ないとみたようである。

古老の助言が功を奏したのか、七月二十五日にはふたたび二尾を釣り上げた。そして最終的には、計二十九尾のサメを仕留めて面目をほどこした。

この鮫釣一行のうちでは年のころ十六、七の若者の腕がひときわすぐれていたということだ。「油を海へ流し、鮫を集 候《そうろう》と云々」と、彼の釣り方の一部が書かれている。

この事件が起きた貞享四年、文左衛門は十三歳の少年だ。にもかかわらず、彼の「鸚鵡籠《おうむろう》中記《ちゅうき》」に入っているのは、当時父親が書いていたものから、後に補塡した結果であるという。

ちなみに、このころは伊勢湾にサメがしばしば出没したようだ。

貞享二年七月十一日には「知多郡志水村の庄屋、盆前に藻を取りに出、潮を浴し、船へ乗らんとするを、鰐《わに》出て片股《かたもも》を喰切死す」とある。鰐というのはサメのことだ。

同月下旬には、不思議なものが現われている。

「熱田沖に異形の物二つ出。蛙《かえる》の面躰《めんてい》にて、眼大に光り、胴半分程海上に見え、これによりて猟師共、夜は出ずと云々」

正体不明だが、この記述では、まるで本物のワニのような怪物だ。

同年十月二十日には大きなサメが捕れている。

「熱田沖にて鮫を猟師ゑび（エビ）網にて得たり。二十一日、中将様御覧。一丈二寸あり」ということなので、三メートルを超えていた。後に三代藩主となる徳川綱誠《つななり》が検分したようだ。

このサメはその後、熱田神宮に奉納された。「熱田頭人《とうにん》へ、この魚渡る也《なり》。そうじて大魚猟するときは、頭人の方へ納る。古例と云々」と記されている。

大きな魚が捕れたときには、神社に納めることが古くからの習わしとなっていたということである。

柳生兵庫の剣の強さは

時代小説のファンでなくても剣術の柳生新陰流の名は知っている。

大和国柳生の郷に発した柳生流は、流祖の石舟斎《せきしゅうさい》の後、江戸柳生と尾張柳生に分かれる。江戸柳生は一万石をいただいて将軍家指南役となり、但馬守《たじまのかみ》宗矩《むねのり》、その子の十兵衛三厳《みつよし》らを輩出する。

一方の尾張柳生は、五百石で尾張徳川家の指南役を務め、兵庫助《ひょうごのすけ》利厳《としとし》や、その子で連也《れんや》斎《さい》とも号した厳包《としかね》らが剣名をとどろかせた。

江戸柳生が政治に関与したのに対し、剣の強さでは尾張柳生が上回ったと伝えられている。

さて、この尾張柳生の当主が、魚釣りを愛した朝日文左衛門の日記に登場する。文左衛門は、尾張柳生家の面々を日常的に見知っていたのであろう。

間近で接する尾張柳生の剣客たちの腕前は、いかばかりか。しかし、文左衛門は、その期待を裏切る展開をつづる——。

元禄八年（一六九五）八月二十一日、柳生兵庫の屋敷で事件が起きた。同家の家臣が刀を抜いて兵庫のいる奥座敷に進んだ。主人に腹を立てての狼藉《ろうぜき》らしい。しかし、兵庫は、部屋に閉じこもって出てこない。

騒ぎを聞きつけて腕の立つ家老が現れた。「この家老、兵法を鍛錬し、猿臂《えんぴ》山影にて手捕にせんと跳り出たるに、思いの外、眉上を切らる」。
素手の技で相手を捕まえようとしたところ、眉の上を斬られてしまった。あわてて逃げたところをまた斬られた。「疵《きず》は至て少しといへ共、この者絶入」とある。強かったはずの家老は、かすり傷で気絶してしまったのだ。襲った家臣は、そのままどこかへ姿を消した。

文左衛門は「兵庫いかがしたりけん、出合わず、下女をして家老を呼ぶ」と書いている。柳生家の剣の実力に疑念を抱いた記録ぶりである。

こうした事件をせっせと書き留めながら文左右衛門は、魚捕りに興じる。

翌月の九月二日には、妻の父の朝倉忠兵衛と熊沢丹左衛門、市川伝兵衛の計四人で伊勢湾奥の熱田の海に二艘の舟を出し、唐網を打って遊んでいる。

「天晴衆峯」「浪閑遠帆」などと晴天の山々の眺めや凪《な》いだ海上の帆影を描写し、「鯐《すばしり》、船底に活発々たり」と述べている。

活発々は、魚がぴちぴち跳ねるという意味だ。

「余りに風なきゆえ魚、羅《あみ》に入らず」と書いているが、それでもボラの若魚のスバシリを「二十八九程」捕っている。朝の六時ごろ家を出て、戻ったのは、夜の八時ごろだった。この間、酒を呑み、蒲焼《かばや》きなどを食べ続けている。

翌三日は勤務だったが、これも楽しい。「予当番。栗・胡桃《くるみ》を多くひろふ」。文左衛門は名古屋城内の警備の合間に秋の木の実を集めている。

評判を落とした柳生兵庫は、尾張柳生家三代連也斎の跡をついだ四代厳延《としのぶ》のことのようである。

庄内藩で活躍した釣術家

庄内藩は、現在の山形県鶴岡市に城を構えていた。酒井侯が治めた十七万石の土地である。藤沢周平の作品に登場する架空の海坂藩がこの庄内藩なのだ。

日本海に面したこの藩は、藩士が磯釣りに熱中したことでも知られている。

庄内藩の寺社奉行などを務めた陶《す》山《やま》七平が書いた『垂釣筌《すいちょうせん》』（文久三年＝一八六三）によると、この東北の藩で遊びの釣りが始まったのは、安永年間から天明年間のことである。西暦でいえば、一七七〇年代から八〇年代にあたる。

庄内藩の釣りの開祖は、生田権太であるという。

磯波が嚙む庄内の海には、横潤《よこま》・五載《ごさい》・兜《かぶと》・屏風《びょうぶ》・動揺《がくがく》など、釣りに適した岩礁があるのだが、その多くは生田権太の命名によるものなのだ。

生田は潮を読む技にすぐれていた。「加茂湾南の小塁に登り、望みて海面を眺め魚の游ばざることを知り、垂《た》れずして帰るを人もつて奇となす」という記述もある。

潮の流れを見るだけで、釣糸を垂れることなく帰ってしまうことがあるので人々を不思議がらせていたということである。

ドジョウ餌でスズキを釣る技もこの生田の考案によるものだ。その釣りの姿勢は融通無碍《むげ》であり、大魚、小魚にこだわらず、進退は海の呼吸に応じるかのようであったといわれている。

生田に続いて釣りで名をなした藩士が神尾文吉である。この人物は、寛政年間（一七八九－一八〇二）から文化年間（一八〇四－一八）の約三十年間にわたって活躍した名人だ。

「術またすこぶる高し。文吉の挑む所、もっぱら大鱗有り。魂を一大竿頭に注ぐ。世のいはゆる天方釣りなる者、これ也。繻《いと》は必ず絲《てぐす》、餌は必ず蛸《たこ》。陰晴、昼夜、海汀にありて屠《ほふ》らざれば、踵《きびす》をめぐらさず。もつて必ず獲《えもの》有り」とある。

神尾文吉は、常に大魚を狙った。天候や昼夜の別を問わず、釣れるまで海岸を去らなかったのだ。

神尾は、サメも釣り上げている。また文化初年には三尺（九〇センチ）のマダイを釣って、藩主の酒井侯に献上している。

釣りに打ち込んだ庄内藩士たちは「名竿《めいかん》は名刀より得がたし」という言葉を口にするほど、良質の釣竿に執着した。

彼らは天保年間（一八三〇－四四）から釣瓶竹《つるべたけ》製の釣竿を使い始めた。「暴濤《ぼうとう》を喜び、竿は長細を貴ぶ」と表現されている。

硬く引き締まった細身の強竿が理想とされていたのだ。その流れに沿って苦竹《にがたけ》を素材とする庄内竿が作られるようになるのは、幕末になってからである。

ちなみに庄内藩士は、釣りをするのに七種類の餌を使った。「蛸・貝・蟹《かに》・鰯《いわし》・鰕《えび》・蟶《まて》・早虫」である。

【第3章】

まちの人々、女性の釣り

釣りの面白さは町民の間にも広がった。釣りのガイドブックも出版され、初めは餌を気味悪がっていた女性たちも夢中で釣りを始める。旗本夫人が小舟に乗り込み、将軍の正室と姫君も浜御殿の潮入りの池で時の過ぎるのを忘れている。大人から子供まで庶民の楽しみは、秋の季節のハゼ釣りだった。

旗本夫人、沖釣りを満喫

男に比べて女性の釣り人は少数派だ。その理由には狩猟本能の差をはじめとしていろいろな要素が考えられるが、餌の問題も無視できない。ミミズやゴカイは時代を超えて女性が苦手とするものなのだ。

江戸時代の娘さんやおかみさん達も釣竿を手にして困っていたことが川柳などに詠まれている。

「海蚯蚓《ごかい》に懲《こ》りて釣に出ぬ嫁」は、亭主についてハゼ釣りにでも行ったのだろう。しかし、初めて見たゴカイの気味悪さに、いくら誘っても二度と釣りに行くとは言わなくなったのだ。

「釣る度《たび》にさしてくれなにうんざりし」で困っているのは男の方である。連れの女性は魚を釣り上げるたびに餌の付け替えを要求する。「さして」は、釣鉤《つりばり》に餌を刺し通すという意味だ。

「人に餌《え》をささせて池で嫁の釣り」は、全く同じ句意。男が言うことを聞いているところをみ

鈴木春信「角田川落雁《すみだがわらくがん》」

るといずれも貰い立てのお嫁さんなのだろう。

江戸時代の釣りは武士の間で始まった。それが時代とともに庶民の間にも広まって、やがては女性達も手を染めた。餌の問題さえなければとても面白い遊びだったのだ。そのあたりの事情が井関隆子という旗本の奥方によって江戸後期の天保年間（一八三一－四五）に書かれた日記の中につづられている。

夜明け前に江戸・九段下の屋敷を出た隆子の一行は神田川の舟宿から釣舟に乗り、隅田川に出てそれから羽田沖へと向かった。

朝日に輝く羽田の海。船頭は棹《さお》を立てて舟を固定した。連れの人々は釣竿を舟縁《ふなべり》にならべ、いよいよ釣りの始まりである。ここで隆子は驚いた。

「この餌にするものは、ごかいとて、きたなげなる虫を砂とともに箱に入たり」「手触れがたき心地してためらふ」という隆子の姿に皆が笑った。

しかし、連れの者に餌をつけてもらった隆子が糸を垂れると真っ先にその竿先が揺れたのだ。

「さていまだ人々の釣らぬほどに、小さきはぜ一つ釣りあげたるものか、うれしさせん方なし」。大喜びする隆子は皆に「下手の高名」とからかわれた、と書いている。

この旗本夫人は舟に乗ってはるばる現在の羽田空港付近まで出かけているが、岸からは遠くない。

これに対して江戸湾の中央に舟を浮かべる沖釣り派もいた。沖釣りには遭難の危険があるので男でも命知らずとされていたのだが、釣りの面白さを知った女性のなかには沖釣りに出かける猛者《もさ》もいた。

「大胆不敵沖釣りの後家」と詠まれ、世間をあきれさせているほどだ。この他、浮世絵にも女性の釣り姿がいろいろ描かれている。

現代の日本では一九九〇年代に女性の釣り人が増加した。人気タレントの木村拓哉がルアーフィッシングを楽しんでいたので、それを真似る若い女性ファンが増えたのだ。釣り業界では「キムタク効果」と呼ばれたほどである。生き餌を使わないルアーなので女性もたやすく追随できたのだ。

将軍の夫人と姫も夢中に

江戸時代の後期には、女性たちも男に混じって盛んに釣りを楽しんだ。庶民だけでなく、堅苦しい決まりに縛られていた武家の女性も世間に気兼ねなく釣竿を手にするようになっていた。

そうした女性の進出ぶりは、岡山鳥《さんちょう》によって文政元年（一八一八）に書かれた『水中魚論丘釣話』からもうかがえる。これは釣り人だけでなく水中の魚たちも登場する釣小説だ。

この中で大川（隅田川河口域）のハゼが「この頃じゃァ素人のぼく釣りが増へたぜ。そのうへに女が合羽《かっぱ》なんぞで真なふりで、おいらァねらうぜ」とぼやいているのだ。

「ぼく釣り」はヘボ釣りの意味。女性の釣りも本格化して雨ガッパを着込んでやってくると言っている。このハゼは「別して女に釣られる気はねへぜ」と息巻くが、それほど女性の姿が目立つようになっていたらしい。

文政九年（一八二六）の八月二十一日には、大川に住まう女嫌いのハゼが腰を抜かしそうなことが起きている。

十一代将軍徳川家斉《いえなり》の正室寔子《ただこ》が、浜御殿の潮入りの池で供の奥女中たちと釣りをしたのだ。浜御殿は東京都中央区にある浜離宮庭園で、当時は将軍家の別邸だった。

城から駕籠で到着した寔子の一行は、目の前の江戸湾から海水を引き込んだ潮入りの池で魚釣りを楽しんだ。池の各所には釣台が設

豊国「江口旅館海辺眺望図」。釣りをする姫君

えられ、釣りやすくなっていた。将軍夫人は夢中になった。
「御釣殿につりたれ給ふに、いを（魚）もあまた得給ふければ、興にいらせ給ひ、いましばしとおぼし給へど日もたけぬとて昼の御ものきこしめし……」と供の女中が書いている。

お付きの者たちが、釣竿の扱い方を教えた。

寔子本人も「釣りする竿のさしひきを教へ給はる、いと嬉し」とその楽しさを記録している。

魚がたくさん釣れるので面白くて仕方がない。昼食の刻限が近づいているのに、もう少し釣っていたいと望んだようだ。

七年後の天保四年（一八三三）八月三日には、家斉の娘の盛姫も浜御殿で釣りをしている。

彼女は庭を散策中に潮入りの池のほとりの釣台から竿を出して釣糸を垂れた。
「それより、つり殿に参りぬ。釣りする竿のさし引など人々教へ給へるに、いと嬉しくめづらしくて」と寔子と同じようなことを書いている。

盛姫の釣果はかなりあったらしい。次の歌を詠んでいる。
「海ふかき君と臣との恵みにて今日ぞ釣り得しいほ（魚）のかずかず」

この後、盛姫は浜御殿の庭園見物を続けるが、もう一度釣りを楽しんだ。
「猶《なお》釣りのおもしろさ忘れがたきままに、また釣殿に参りぬ。こたびも一つ三つかかれり」と嬉しそうだ。

将軍の夫人や姫君は何を釣ったのか――。それは書かれていないが、この潮入りの池にはサッパやボラ、メナダなどのいたことが知られている。

鱚釣り入門書も出版されて

『漁人《りょうじん》道しるべ』という書物がある。わが国で初めて印刷、販売された釣りの出版物だ。明和七年（一七七〇）の日付があり、著者は江戸に住まう玄嶺老人と名乗る人物。サイズは、新書判ほどの大きさで、前書きを含めると四十七丁、つまり九四ページのものである。

現代の私たちの感覚では薄手の冊子だが、そのころ庶民が手にした木版本は五、六丁のものが多いので、当時としては、ずいぶん厚手感のある立派な書物であったはずだ。

内容は江戸湾を舞台にしたキス釣りの案内書。題名の「道しるべ」には、初心者への道案内の意味が込められている。武士層から始まった遊びの釣りが庶民にも拡大し、この時代になるとますます釣り人口が増えていた。その需要にこたえる形で、魚釣りの書物が出版されることになったのだろう。対象魚がキスであることが興味深い。江戸の人々は野暮を嫌い、粋《いき》を重んじた。色も姿も小ざっぱりとしたキスは、彼らの価値観にぴったり合致したようだ。

さて、この『漁人道しるべ』の構成だが、江戸湾を西の品川方面と、東の中川方面に分けたうえで、それぞれについて春と秋のキス釣り場の紹介に力を入れている。

こう書くと『何《か》羨録《せんろく》』を思い浮かべる人がいるかも知れない。『何羨録』は享保八年（一七二三）までに津軽采女という四千石の大旗本によって執筆された、手書きの最古の釣りの書物である。

じつは『漁人道しるべ』は『何羨録』の抜粋版なのだ。道具編を簡略化し、気象編を完全に割愛して三分の一ほどに短縮したものだ。津軽采女が他界したのは、寛保三年（一七四三）なので、原著者の没後二十七年にして、別人の名で出版されたわけだが、津軽采女と玄嶺老人の関係はわからない。縁者でなければ著作権無視の『漁人道しるべ』だが、『何羨録』にはない独自の部分もあってそれがけっこう面白い。

たとえば「何によらず、釣りは世間に小潮を第一とす」という記述。これは江戸の釣り人の多くが小潮の日、つまり干満差の少ない日を釣りに適した日としていたことを物語る。これは、大潮を好む現代とは逆である。リールを使わない江戸時代の竿釣りでは、大潮の満潮時には海が深くなりすぎて、一般の釣り人には難しかったらしい。

大潮の日は、ベテラン向きだった。「大潮は水多くして釣り難しといへども魚のつきかならず宜《よろ》し。流し釣りを得手なる者、かならず大利あり」と玄嶺老人は述べている。

このほか、江戸の釣り人は適度に軟らかい鉤《はり》を用いていたことも『漁人道しるべ』からわかる。根がかりで仕掛けを失わないための知恵だった。伸びてしまった鉤は、携帯した鉤曲《はりまげ》という道具でその場で直して使っていた。

釣行日の選び方や鉤の硬度に関して、江戸と現代の釣り人の発想は逆転の関係にあるようだ。

離島で釣りした江戸の流人

「釣り上げた魚も投げ出す赦免状」――という古い川柳が伝わっている。

江戸時代の刑罰には遠島、つまり島流しがあった。テレビ時代劇にも島帰りの男が出てくるが、実際には終身刑なので戻って来られる例は、きわめて少なかったのだ。

そのうえ流人の暮らしは厳しかった。住まいも自分で仮小屋を造り、食べ物も自分で何とかしなければ生きてゆけない。死罪はまぬかれたものの、多くの流人が病気で死んでいったようである。

ところで、彼らの自活手段は何だったのか。そのひとつが釣りだった。八丈島や三宅島といった太平洋に浮かぶ離島での釣りである。魚を釣って、それで現金や物品を手に入れたのだ。魚は島で干物に加工して江戸などに送られた。

読者が釣り人なら、最初は大変だろうが、慣れてしまえば、こっちのものだ――と思うことだろう。何しろ毎日、思う存分釣りができるのだ。カサゴやメバルも釣り放題。場所柄、ヒラマサやカンパチ、シマアジといった大物もやってくる。来る日も来る日も遠征釣りの連続なのだから。

だが、どんな強者《つわもの》でもそのうちに里心がついてくる。国に残した親や妻子は達者だろうか、そして町の賑わいが懐かしい。ああ、悪事をはたらくのではなかったと反省の日々である。

しかし、釣り人の性《さが》であろう。いったん竿先にアタリを感じるとすべてを忘れて魚とのやりとりに夢中になり、一切忘れてしまうのだ。

ある日、流人が大物を釣り上げた。「どんなもんだい、こんな見事な魚は江戸前じゃあ釣れねえぞ、死んでも離すものか」と独り言をつぶやいている。そのとき背後に人の気配。振り向くと島の役人だ。

役人の手には「赦免」と書かれた恩赦の通知書が握られている。その嬉しさに流人は思わず大物を脇に投げ捨てて両手で赦免状を受け取り、押し頂いた。

これが、冒頭の川柳の情景だ。島流しになった釣り人のおかしみ、心情を上手に詠んでいる。

江戸時代には、この柳句と同じ体験をした有名人がいる。元禄年間（一六八八－一七〇四）のころの人気絵師、英一蝶《はなぶさいっちょう》だ。いよいよ三宅島に流される日、見送りの知人らに、島に着いたら魚を釣って江戸用の干物にして生きていくと言いのこして流人船に乗った。

一蝶は十一年後、運良く江戸に戻れたが、赦免通知を受けたとき、ちょうど花に舞うチョウを見ていたので、それまでの多賀朝湖から英一蝶に名前を改めたという話が伝えられている。

ちなみに川柳で投げ出した「魚」はサカナでなくてウオと読む。江戸時代、生きた魚はウオであり、サカナは食材用の死んだ魚の意味だったのだ。

漂流者は釣りでサバイバル

今から三百年ほど前の享保四年（一七一九）十一月三十日。一隻の大型廻船が荒天の九十九里浜沖で遭難した。乗員は遠州荒井の楫取《かじとり》甚八ら十二人。大波と強風で今にも転覆しそうになり、やむなく帆柱を切り倒した船は、はるか沖へ押し流され、絶海の孤島に漂着した。この無人島は、鳥も通わぬといわれた八丈島よりさらに遠い鳥島だったのだ。

甚八たちがここを脱出したのは、二十年後の元文四年（一七三九）五月。その間、直径約二キロの荒涼とした火山島で暮らしたのだ。最初の三年間は全員無事だったが、次の十年のうちに九人が死んでしまい、生きて戻ったのは甚八を含めて三人だけだった。

彼らは秋になると鳥島にやってくる渡り鳥のアホウドリを捕らえて食べるかたわら、鳥がいない夏の間は魚を釣って命をつないだ。遊びの釣りではなくて生き抜くための釣りである。

ほとんど身ひとつで鳥島に上陸した甚八たちは、どんな魚をどのようにして釣ったのか——。時の将軍吉宗も彼らのサバイバルに興味を抱いて、生還した三人を江戸城に招き、体験談を聞いているほどだ。

現在に伝わる彼らの漂流記には釣れた魚が載っている。「嶋鰈《しまがれい》、あかふ、もいほの類」や、本州では見かけない魚が「大分釣れ申し候」ということだ。あかふは深海性のアコウダイではなくてアカハタの類、もいほは藻魚で、ソイの仲間のことであろう。

道具は手作りだった。甚八たちは、ときおり流れ着く難破船の板に残っている船釘を拾い集め、これを曲げて釣鉤《つりばり》に加工した。同じく漂着する帆布の切れ端を解いて釣糸を作っている。

彼らは「数々の鉤」をつけた「長縄」に石の錘《おもり》を結び、それを「磯辺の岩の上より遥か向ふへなげ出し、しばらく間を置き、引揚候《そうろう》」という方法で釣っている。延縄《はえなわ》方式の釣りである。

甚八たちから六十六年後の天明五年（一七八五）二月には、土佐国の荷船が鳥島に漂着した。乗っていたのは水夫の長平など四人。この長平も甚八たちと同じようにして釣鉤と釣糸を作っている。

彼が釣り上げたのは「ささ魚、鮫《さめ》、赤魚等」である。ささ魚は「国地（土佐）では見馴れ申さず、色黒く形鯛《たい》に似て、一尺二三寸より七八寸までこれ有り」ということなので、イスズミの仲間かもしれない。赤魚は土佐のカサゴに似た魚であるとしている。

長平は波の穏やかな日を選んで釣りをしたのだが、なかなか大変だったようである。「磯際至て高く、荒浜故釣りかね、ようやく一日に二三枚、よく捕れ候節六七枚位釣り上げ申し候」という状況だった。

鳥島の海岸に浜辺はなく、崖になっているので簡単には釣りができなかったわけである。長平は延縄ではなく、普通の手釣りをしていたのであろう。彼は十二年間、鳥島で暮らした。

あなたなら、どんな釣りをするだろう――。

江戸の釣りと魚の笑い話

釣りを主題にした江戸の笑い話をひとつ。

「おれは釣に出て金を五十両釣ってきた」という。「そんならおれも出よふ」と、品川沖に出、大きなタイを釣り上げ、針を抜いて海へ投げ「いまいましい。うぬじゃあない」

説明抜きで笑えるめでたい話だ。次は魚のカレイを扱った笑い話。

宿持の手代、旦那の所へ歳暮の祝儀とて、かれの魚を四《し》枚、台に載せ持たせやりければ、旦那大きに腹を立て、かの手代を呼び寄せて「五枚くれそうな魚を数悪ふくれる心は、どふした事」といへば、手代かしこまり「暮れのお四《し》まいも四《よ》かれといふ心で差し上げました」

旦那。「フッ、おれはまた呼びつけて四《し》かれといふ事かと思ふた」

歳暮にカレイを四尾贈ったことによる語呂合わせの掛け合いだ。

手代は商家の使用人。普通は住み込みだが、宿持なので通いの身分。もうすぐ番頭になるほどの男なのだろう。カレイが「かれ」と呼ばれたことは、イエズス会の宣教師が長崎で出版した日本語・ポルトガル語辞典の『日葡《にっぽ》辞書』（一六〇三年）にも載っている。

ところで名医が釣りをすると、どうなるか。

医者殿、釣をしけるを見れば「きすか」といへば、きすあがり「鯛」といへば鯛が上がる。そばの見物ども「これは奇妙」と胆をつぶしけるうち、かの医者殿、こんどは無言にて釣り上げければ、河豚《ふぐ》を釣り上ぐる。「これは道理で死脈がうつた」

勘のよい医者なので、引き方だけで何の魚がかかっているかを次々言い当てる。患者の脈をとる技の応用だ。しかし、次に海中から伝わってきたのは死にかかっている患者の脈拍。海面に姿を見せたのは、フグだった。なるほど、道理で——という落ちである。

次は「馬のす」の話。

今から岡釣にでも行かふと釣道具を出してみれば、針の結び目から鼠めが食ひきった。どふぞ馬のす（素）が欲しいと尋ぬる所へ田舎馬が通る。これ幸いとあとから尻尾を二三本引っこ抜く。友達が見ていて「コレ、てめへもとんだ事をする男だ。馬の尻尾を抜くといふことがあるものか」「ムム、馬の尾を抜けばどふする」「どふする所か、とんだ事だ」といはれ、もふ釣りに行く気もなく「コレ、どふぞその訳を言って聞かせてくれ。一升買うは」「一升買うなら言って聞かせう」と酒を取り寄せ、まづ二三ばい飲む。「コレサ、気が落ち着かぬ。どふいふ訳だ」といへば、「そんなら言はふ。大事のことだ。馬の尻尾を抜くと、馬が痛がる」

他愛のない話だが、馬の尾の毛を釣糸に使うことは、古い釣りの書物『何《か》羨録《せんろく》』にも載っている。黒馬がよく、白馬のものは弱いとされていた。生きている馬の尾は強いが、死んだ馬のものは弱かった。

また『何羨録』によると切り取った尾に比べ、抜いた尾は弱い。「馬の尻尾を抜くといふことがあるものか」という小言にも根拠はあったわけである。

最後にもう一話。

釣りに出て二尺（六〇センチ）ばかりの金魚を釣り上げた。「これは珍しい」と大事に持って帰り、出してみたれば、ふぐさ。ふぐ「今日は竜宮の夷《えびす》講で、コレ大きに下された」。

竜宮城で祝い酒を振舞われたフグが赤くなっていたのだった。

秋のはぜは庶民の楽しみ

画面をほとんど埋めつくすほどに多くの釣舟が浮かんでいる。

江戸時代の寛政八年（一七九六）から同十年にかけて出版された『摂津名所図会《ずえ》』の一場面である。場所は、大坂湾に大きな川の流れが注ぐ一河口。

絵師は丹羽《にわ》桃溪《とうけい》で「秋興《しゅうきょう》沙魚《はぜ》釣《つり》」の画題である。

添えられている句は、芭蕉の高弟の一人であった服部嵐雪《らんせつ》の作で「沙魚《はぜ》つりや水村山郭酒旗《すいそんさんかくしゅき》の風」――。

釣りに夢中になる人々の声が聞こえてきそうな、何ともにぎやかなハゼ釣りの光景だ。

屋根のない田舟もあれば、障子戸のついた立派な屋根舟もある。同じ屋根舟でも苫《とま》でふいた簡素な舟も混じっている。

そして、釣り人は男だけにかぎらない。女性も子供も竿を手にして一心不乱に釣っている。

竿の動きもさまざまだ。静かに糸を垂れている横で、釣ったハゼを大きく宙に跳ね上げている竿もある。ハゼの口から鉤《はり》を外し、餌を付け替える釣り人の姿も見える。

ハゼ釣りは昔から庶民の間で人気の高い秋の遊興。釣りの合間には、舟の上で心地よい秋の潮風を胸いっぱいに吸い込みなが

『摂津名所図会』の「秋興沙魚釣」。上方のハゼ釣りが描かれている

ら食事を楽しみ、酒をのんだ。画面の手前には「いも汁」を売る小舟が釣り人相手に商売の最中だ。遠景には、帆を降ろして停泊している千石船が幾隻ものぞまれる。帆柱の数を見ても、釣り場の先には大きな港があるようだ。

ハゼ釣りは、大坂の医師寺島良安が三十余年の歳月をかけて正徳二年（一七一二）ごろに完成させた絵入り百科事典の『和漢三才図会』にも載っている。

「これを釣るに小鰕《こえび》をもってす。餌《えさ》となす綸《つりいと》の端、鉤を去りて三寸ばかりの処《ところ》に鉛の錘《おもり》をつけ、鉤を干地（水底）に附けしめ、微動するの響をまちて竿を揚ぐ。秋月、貴賤遊興の一つとなす」

という説明だ。

江戸時代の小咄《こばなし》に「釣指南」というものがある。

「釣好きの男、指南の看板を見て弟子入りし、稽古にかかる。師匠、釣竿に糸をつけ、弟子に持たせ、師匠は針先をそろそろ引きながら『このひき、何とお考えなされた』。弟子、しばらく案じ、『はぜの針あんばいと覚へます』『なるほどなるほど、余程お下地がござる。明日からは、きすに致さふ』」

これでは前もって答えを教えているようなものである。そこが笑いのポイントなのだ。

面白い江戸川柳もある。「はぜっ子が居《い》たと岡釣のぞかれる」。昔も今も変わらない。

「沙魚一つ屋形の釣りに鬼の首」。豪勢な屋形船に乗って釣りをしているのは大商人か、大名か。初めてなので、ハゼを一尾釣っただけで鬼の首を取ったような自慢ぶりであるのがおかしいと笑っている。

冬は舟から鰈の流れ突き

江戸の釣り人は、冬になると小舟に幾人もが乗って柄の長いヤスを握った。

江戸後期の国文学者で考証家の喜多村節信《ときのぶ》（一七八三－一八五六）がまとめた『釣書ふきよせ』という書物に、その様子が紹介されている。

「冬月《とうげつ》は水に入らず、舟の上より突く。これを流れ突きと云ふ」

流れ突きの獲物は、「牛尾魚《こち》、鱏《えい》、鰈《かれい》」などの「地に伏す魚」だった。

「これは見突きにあらず。見突きは、魚の有るを見付けて突くなり」

「流れ突き」は、魚の姿を認めたうえでそれを狙って突く「見突き」とは別の技であるという。

では、どのように突いたのか。

二十人ほどが舟の片舷に一列にならんで、三つ叉や四つ叉、六つ叉のヤスを使った。各人が、ヤスの柄を両手で握り、それをひたすら上下させたのだ。

釣り人ならぬ〝突き人〟を乗せた舟は、潮の流れに乗って、冬の海の上をゆっくり進む。浅い海底では、ヤスの先がミシンの針のように刺さりながら、移動して行く。逃げ損ねた魚が、ヤスの獲物になったというわけだ。

江戸湾での流れ突きでは、とくにカレイが多く捕れた。広大な洲が発達した豊饒の海には、大小のカレイが底を覆うほどに生息していたのであろう。今は昔の物語だ。

ところで、もう一方の「見突き」とは、どのような突き方だったのか。『釣書ふきよせ』の説明に戻ってみよう。

見突きは「船中より水底の魚を見とめて、突いて取る。魚の目光るをみるなり。熟練せざれば、ならぬ業なり」。

魚の目の光を舟の上から見つけて、ヤスで突いたのだ。「水の清《す》みたる故に秋をもっぱらとす。その時ならでは、なしがたし」とされている。

魚の目が光るというのは、どういうことだろう。

これは、砂に潜っているカレイやコチが両眼を動かすことを意味している。

彼らは海底で砂をかぶって上手に姿を隠しているときには、外敵に見つけられはしないという自信を持っている。しかし、注意は怠らない。砂粒の間からわずかにのぞかせた眼球をしきりに動かして、敵の様子を観察している。

このとき、人間の側から眺めると、海底で黒い砂粒が二つ動いているように見えるのだ。喜多村節信は、これを「魚の目光る」と表現したのである。

カレイが眼を動かさなければ、そこにいることは、わからない。眼がくるくる動くので、人の視線がそこに注がれ、やがて砂をかぶった魚体の輪郭が薄っすらと見えてくる。そこにヤスが走るのだ。

節信は面白いことを書いている。「もし波だちて、光ちらつく時には油を水のうへに滴らせば見ゆるとぞ」。海面が波立って底が見にくいときには油膜を張ると、水の表面張力が低下して波が消えることを教えているのだ。これも江戸の水辺の技だった。

「釣舟清次」の厄除け札

江戸時代の庶民は風邪がはやると自分の家の戸口に札を貼った。「釣舟清次」と書かれた紙の札である。

釣りと風邪除けのまじないの間に、どういう関係があるのだろうか。

じつは寛政二年（一七九〇）に、町奉行所が調査に乗り出した不思議な出来事があったのだ。

その当事者が江戸本八丁堀二丁目の裏長屋・半兵衛店《だな》に住まう清次という男。客を乗せて海に出る釣舟の船頭である。

五月二十四日というから現代の暦では七月上旬の梅雨のころだ。その日は客がなかったので、清次は一人で品川沖の下タミ瀬に舟をだした。キスを百尾ほど釣って船着場にもどり、夕暮れの薄暗がりの中で舟の掃除をしていると不意に背後から声をかけられた。

「みごとなキスだな。それをくれ」

おどろいて振りむくと、見知らぬ男がいつの間にか舟の中に立っている。髭面《ひげづら》で髪はみだれ、六尺（一・八メートル）以上もある異形の大男だ。清次がおそるおそる差しだしたキスを受けとると、丸ごとむしゃむしゃ食べ始めた。

あっけにとられている清次に「名は何という」と不気味な声で男がたずねる。聞かれるままにこたえた清次に、男は「俺は疫神《やくがみ》だ」と告げた。

「戸口に釣舟清次と名前を書いた札を貼っておけ。正直者だから、おまえや親類の家には、立ちよらないでおいてやろう」と言いのこして姿を消した。

我にかえった清次は、なじみの魚屋にキスをおろすと長屋にもどり、一同にこの奇怪な体験を語った。

「それなら清さん、おまえの名前を書いてくれないか」と、長屋の藤八という男がもちかけた。

「じつは、かかあが寝こんでいて、こまっているのさ」と、しきりにたのむ。

「弱ったな、俺は無筆で字が書けねえし」と言っているあいだに、長屋の連中が文字の書ける人間をさがしだし「釣舟清次」としたためた紙を持ってきた。

「これでいいかい」「ありがてえ」ということで、藤八は、さっそく戸口に清次の名札を貼りつけた。すると、日をおかずに藤八の女房の病気もなおってしまったからたいへんだ。

噂を聞きつけた近所の人間が毎日、名札をもらいに清次の家に押しかける。評判はさらにひろまり、ついには役人の耳にもはいって、事情聴取のために呼びだされた。金儲けを目的に異説を言いふらす者は、きびしく罰せられるのが当時の慣わしなので、清次は金銭授受について否定し、積極的に札をあたえたのではないと弁明している。

　この話は、江戸の狂歌師で戯作者の大田南畝《なんぽ》（一七四九－一八二三）が、市井の出来事をつづった記録をもとにした『半日閑話』に収録されている。ちなみに「疫神」と名乗った大男は盗賊だった。「水中を潜事《もぐること》魚のごとく、家根《やね》など飛ぶ事鳥の如く、同三年召し捕られ候《そうろう》のよし云伝ふ」と補足されている。当時の北町奉行は、初鹿野《はじかの》河内守信興。

「釣舟清次」の札は、風邪だけでなく、疫病除けにも長らく使われた。

釣りでめでたく大出世

　釣りで大出世をした江戸の釣り馬鹿のお話を紹介しよう。三組町与三右衛門《みくみちょうよそうえもん》という変わった苗字の持ち主である。与三右衛門というと、いかめしい名前だが、江戸の湯島三組町の裏長屋の住民で、付木《つけぎ》削りのしがない職人だった。

　付木というのは、薄くそいだ木片の端に硫黄を塗ったもので、行灯の火を隣室の行灯に移したりするのに使われた。江戸のマッチのようなものである。

　この与三右衛門が無類の釣り好き。「一日職を勤めて、いささかの銭を得れば、それにて飯をたき、食具につめ、腰に結びて出で、そのあらん限りは日ごと釣して遊びけり。一日職をなせば三日を釣し、三日職を勤むれば十日を釣して遊びけり」と伝えられるほどの打ち込みようだった。

　あるときなどは、遭難騒ぎを起こしている。深川で小舟を借りて一人で沖釣りをしているうちに暴風に遭って、夜通し波をかぶりながら江戸湾を流されて翌朝、対岸の木更津に命からがら漂着した。

　土地の人々は、よくぞ助かったと驚いたが、与三右衛門にとっては新しい釣り場への到着だ。

　沈みかけた舟の中から釣竿を取り出すと、近くの磯の岩に腰掛けて夢中になって釣りを始めた。そこで三日間釣り続け、持ち金を使い果たして我に返った。

「ようよう江戸へ渡海の船をみつけて、

『百家琦行伝』（天保6＝1835年刊）に描かれた三組町与三右衛門

くれぐれとたのみ便船し、かの小舟は後《しりえ》にもやひ、かろうじて江戸に帰りけり」と、あきれられている。まさしく江戸の釣り馬鹿を地で行く人物だ。

与三右衛門は、遭難後も釣りを続けた。そしてある日のこと、釣りの最中に水底に落ちていた財布を拾った。中には百両もの大金があり、行徳《ぎょうとく》の八幡宮の神主の名前などを記した書き付けが入っていた。

与三右衛門は親切な男である。「かく高金を失ひなば、極て難儀なるべし。今より彼処《かしこ》に走り行き、かの神主を訪ね、この金返し与へん」と思い立った彼は、夜通し江戸湾沿いの道を駆けて真夜中に行徳の神社にたどり着く。

神主がその金を失くしたのは五十日ほど前のことだった。老朽化した神社の建て直しのために、江戸で金を借りたが、行徳に戻る夜船の船縁から落としてしまったのだ。海中に沈んだ財布は見つからず、落胆した神主は病気になって死の床についていた。

与三右衛門から百両を受け取った神主は、感謝の言葉を述べながら安心して息を引き取った。彼は金を拾って届けた一件について誰にも話さなかったが、美談はやがて江戸に伝わり、与三右衛門は「止事《やんごと》なき御許《おんもと》」に召し抱えられることになった。

その折に、それまで住んでいた町の名を苗字にしたので、三組町与三右衛門というめずらしい名前になったということだ。

江戸の天明年間（一七八一－八九）ごろの、めでたい釣りの実話である。

【第4章】

道具あれこれ

江戸の人々が手にした釣竿は、素材の軽量化が工夫されていた。竿の手入れにはウナギの油が塗られていた。錘《おもり》には現代よりはるかに多様な形があった。魚がかかると立ち上がる横浮子《うき》というものもあった。沖釣りに出る人々は、雲の形や色で風の兆候を読み取った。海釣りでは雨より風が大敵だったのだ。

三百年前の釣竿事情

四千石の大旗本津軽采女が書き遺した釣りの秘伝書『何羨録《かせんろく》』には、釣鉤《つりばり》や錘《おもり》とならんで竿の吟味にも薀蓄《うんちく》が傾けられているので、三百年ほど前の江戸の釣竿事情がよくわかる。

まず、感心するのは当時の江戸市中に早くも釣竿を売る店があったということだ。扱われていた竿も進歩しており、趣味の釣りの普及ぶりがうかがえる。

例えば継竿も製作されていた。「竿に二継ぎ有り、三継ぎ有り」と書かれていることからわかるのだ。粗悪品もあった。「市店にて売る出来合の竿など多くは、継手の呑込みすくなく、或は継の皮を削り細めて仕入れる故、大魚などかけたる時折れる事多し。又、偶合《ぐうごう》ゆるきは抜ける事有り」

大きな魚がかかると折れたり抜けたりで、継手の細工に難のある竿も混じっていたようだ。

津軽采女は竿を買うにあたっての諸注意を細かく述べている。「第一、竿は疵《きず》を吟味して吉《よし》。売竿或いは節際にて折れたる竿を見えざる様に継ぎたる多し。又は目（方）を軽くせんとて内の肉を多く削り焼金などをあてて、うち見替ることとなしといへども用て折れ損ずる事有り」

のんびりとした時代にもかかわらず、せちがらい釣道具商が抜け目のない商売をしていたようだ。
江戸前期の釣り人は、軽い竿を好んで使った。竹の子のうちに根元に鋸《のこぎり》で傷をつけたり釘を打ち込んだりして養分のまわりを悪くした。この操作を片側から加えた竹が「片うきす」、両側から加えてもっと軽くしたのが「諸《もろ》うきす」だ。

籔から伐ってきた竿を真っ直ぐに伸ばすには、竹の先端に錘をつけ、高い木の枝から吊り下げて天日に当てることもおこなわれた。これは鷹の餌の小鳥を捕る鳥刺しが使った竿の加工法の応用だった。

釣竿の手入れにはウナギの油が使われた。竿の表面に塗りつけて囲炉裏の上などに置いた。これは戦場で使う旗指物の旗竿の保存法として伝承されていた技である。油は竿の寿命を延ばすとともに、ウナギを焼いた煙には竹を食べる虫を退治する効果があると考えられていたのだった。

釣竿は、その機能と美観のうえから節数の多い竹が好まれた。『何羨録』には松平半左衛門という人物が所有していた三十六節の名竿が紹介されている。この竿には時の名士の半井卜養《なからいぼくよう》（一六〇七－七九）が漆で「浦島がもちたる竿の呉竹《くれたけ》ののびず縮まず節はろくろく」という狂歌を書いたという。ろくろく三十六という洒落だった。

『何羨録』は、享保八年（一七二三）ごろの著作だが、京都では延宝年間（一六七三－八一）に「仕込みの継竿」が中京御幸町《ごこまち》の伊右衛門の店で売られていたという。名物案内『京雀跡追《きょうすずめあとおい》』

に紹介されている。

この継竿は、おそらく入れ子構造の振り出し式のものだろう。江戸時代の釣り人は、立派な釣竿を愛用していたようである。

多様な江戸の錘の数々

日本の釣鉤《つりばり》は、欧米のものに比べてはるかに種類が多いことで有名だ。これに対して錘《おもり》には、洋の東西差がないように思われるが、江戸時代の錘は驚くほど多様性に富んでいた。『何《か》羨録《せんろく》』には何と二

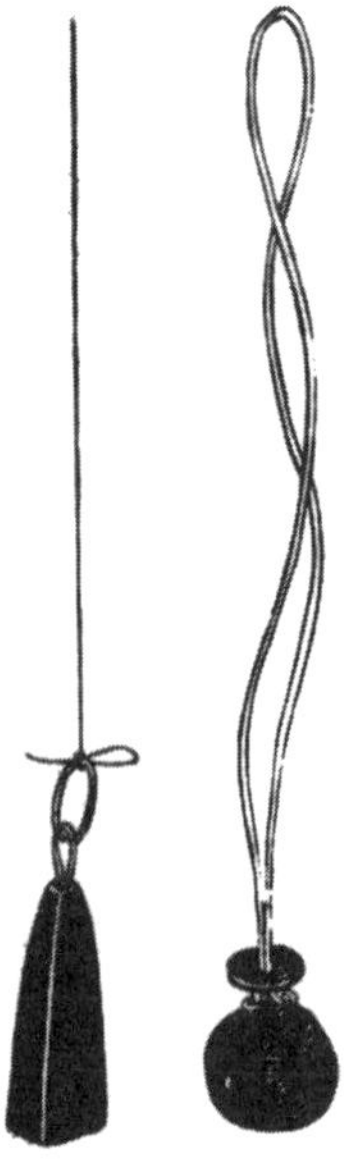

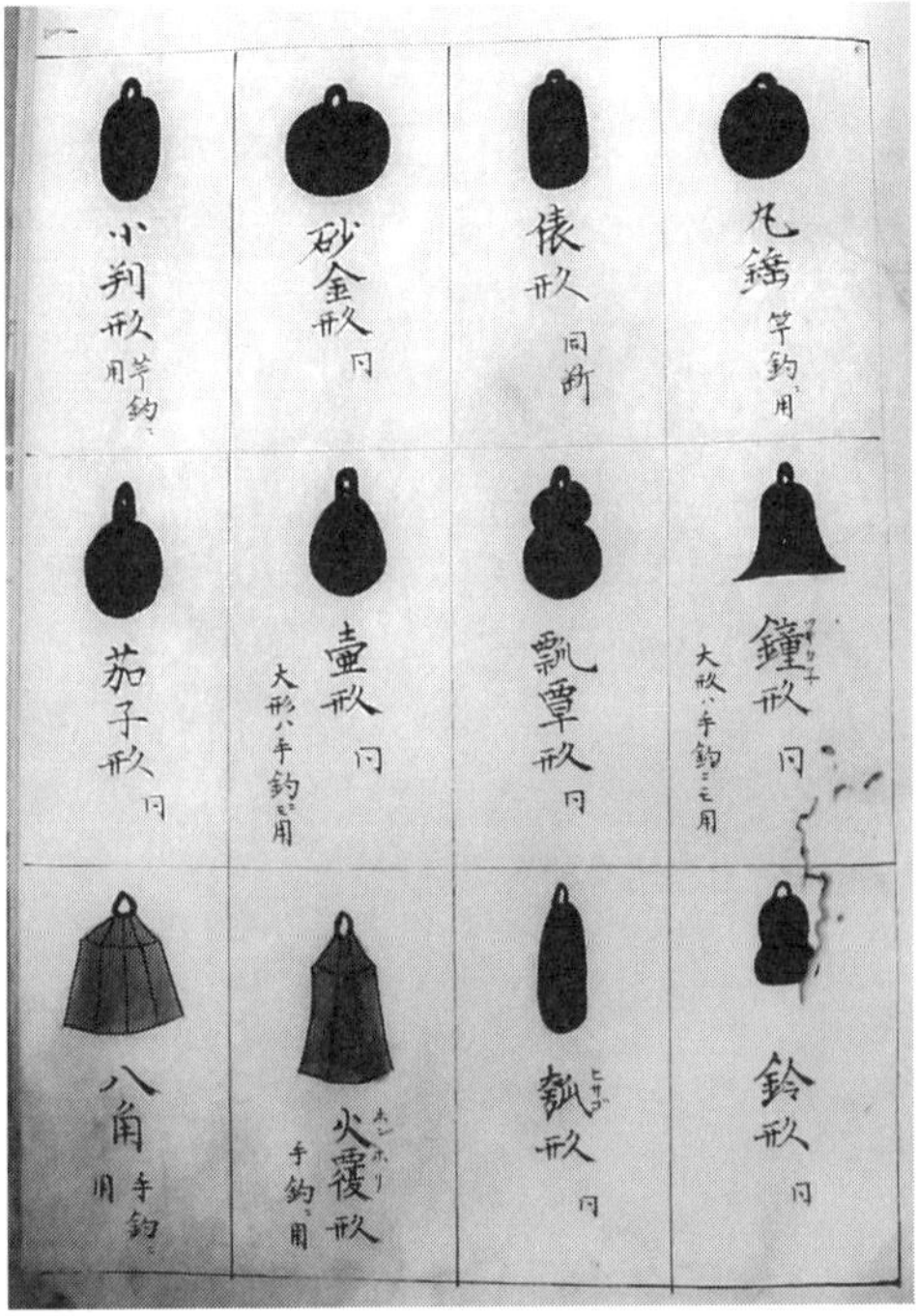

左：『魚猟手引』の錘　右：『河羨録』（岐阜県図書館蔵）の錘之図大概（いずれも部分）

十一種類の錘が絵入りで紹介されている。

竿釣り用としては、丸錘・俵形・砂金袋・小判形・鐘《つりがね》形・瓢簞《ひょうたん》形・壺形・茄子《なす》形・鈴形・瓠《ひさご》形　――の十種類。

手釣り用では、火覆《ぼんぼり》形・八角・的形・瓦燈《かとう》形・矢倉《やぐら》形・亀甲形・茶釜形・角形・鱗形・象戯《しょうぎ》形・長錘――の十一種類という内訳だ。

この二グループの違いは底面の形状だ。竿釣り用の底面は球状であるのに対して、手釣り用の錘の底面は平たくなっている。その理由を筆者の津軽采女は、竿釣り用の錘について次のように説明している。

「角《かど》のあるは水を堰《せ》き、居《すわ》りの平らなるは地に吸付て悪敷《あし》き故に世上に丸を用るなり」

角張った錘は水の抵抗が大きく、底面の平らな錘は海底の泥に吸着するので竿先に負担がかかり具合が悪い。そのため一般には丸い錘が使われた。

ただし「丸は竿休の間、船中転まわり鉤先、ここかしこにかかりて悪敷」と注意を述べ「砂金袋又は茄子形よし」と、二つの形をすすめている。

一方、深い海でおこなう「手釣の錘は、竿釣と違て居り有るよし。居り丸きはこたえ悪し」としている。底面の丸い錘では底立ちが取りにくいということだ。

また「手釣の錘は火箸《ひばし》の如く長きよし」ともされている。理由は「水にせかれず、上る時水切てよし」。長錘がこれにあたる。

『何羨録』より古い『本朝食鑑』の江戸湾内でのハゼ釣りの項にも錘の記述がある。

「鉤上の綸《いと》二、三寸に鉛錘一箇を着く。その錘、弾丸の如く或は小鐘の如く、重さは四、五銭に過ぎず」とされている。（一銭は一匁《もんめ》で三・七五グラム。現代の錘の一号）

元禄ごろの釣り人は、ハゼと同じ仕掛けでほかの魚も釣ったようだ。

「鉛錘、地に附かばすなはち魚、餌を呑む。その餌は鰕蛤《えびはまぐり》にて、幾須《きす》鮎魚女《あいなめ》鰈《かれい》黒鯛の類を釣るもまたしかり」と書かれている。

『何羨録』には錘の材質論もある。津軽采女は西国の人から「錘は銀を第一とす。真鍮の七度焼、これに次ぐ。光の強きほど魚のより格別吉《よし》」と聞かされた。七度焼はメッキの一種。

だが、銀の錘ということに首をかしげる人もいた。理由は、西国の釣りは江戸の遊びの竿釣りとは異なって、深い海でタイやスズキを相手にするものだ。だから仕掛けを失う機会も多くなる。そうした釣りで錘に高価な銀を使うはずがないという理屈である。

一方には魚は光る錘をおそれるという説もあり、それを信じる釣り人は黒漆を塗った錘を愛用した。相反する説は、遊びの釣りが始まって間もないための混乱だった。中通し式の錘が見当たらないのもこの時代の特徴。錘の製作には鉄砲の弾を作る鋳型の道具が流用された。

古風な浮子と天平

江戸時代の釣道具で現代と様子が少しばかり違うのは、浮子《うき》とテンビンだろう。

まずは浮子。これには横浮子と立浮子の二種類があった。横浮子は、鼓形や円柱形、あるいはラグビーボール状などをしており、横長の中央部に鉤素《はりす》をつける小さなU字の金具がついていた。

横浮子なので水面に横たわっているだけだ。その代わり、浮子を立たせるための錘《おもり》は不要。

しかし、魚信をとらえる感度は立浮子に及ばなかったはずである。立浮子は基本的に現代のものと同じである。

横浮子が使われたのは江戸時代の途中までらしい。「形、古風にして存せず」と書いた江戸時代の書物もあるほどだ。「小さき瓢箪《ひょうたん》」を浮子に使う釣り人もいた。

私たちにとって浮子は、立っているのが当然だが、こうなるまでには水面に寝ているのが当たり前の時代があったのだ。

なかにはテンビンを兼ねた横浮子もあった。中央に道

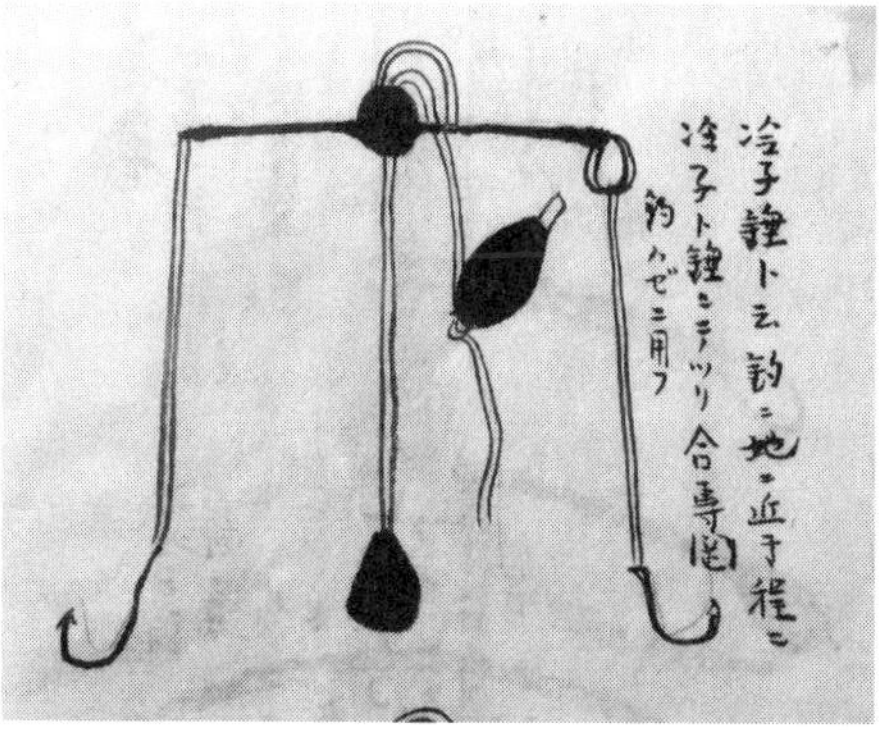

『何羨録』の水底で機能するハゼ釣り用のテンビン

糸を取りつけて両端に鉤素をつけるのだ。これは水面近くを泳ぐボラを釣るときに使われた。

江戸時代のテンビンは、人の字形のものや、左右に伸びた天秤棒の形の両テンビンが主流で、現代のような片テンビンは少数派でめずらしい。また江戸の昔は、川釣でもテンビンが使用されていて、これも今との違いである。

弾力が必要となテンビンの素材には、鯨のひげや水牛の角、まれには鼈甲《べっこう》が用いられた。軸に鉄線を使ったときにはテグスや馬の尾で巻き固めている。

テンビンと錘と浮子が一緒になった変わった仕掛けもあった。

中央に吊り下げられた錘が水底に着くと、テンビンは浮子の浮力によって、海底から錘の糸の長さだけ持ち上げられるという構造だ。テンビンの両端に結ばれた二本の鉤素は、錘の糸より短いので餌は底から少し持ち上がった所に位置することになる。

この仕掛けで江戸の人々は、岸からの岡釣りでハゼを釣った。

これと同じ方式だが、錘を小さく、浮子を大きくすることで、テンビンが水面直下にくるようにして浮魚《うきうお》をねらう仕掛けも工夫されていた。

ボラの子供のスバシリ釣りに使われた待浮子というものもあった。横浮子の下に水底まで届く錘を下ろして魚が来そうな水辺に入れておく。この浮子には多数のミミズを糸で縫い刺して「数珠《じゅず》子《こ》のごとく」にした餌をぶら下げているので、群れがやって来て食べようとするたびに浮子が動くのだ。

「魚餌に付て浮子の動くを相図《あいず》に鈎を下す」と説明されている。

待浮子は、スバシリを寄せ集め、別の竿で釣っている間も群れが散らないようにするための装置だった。

江戸の釣り書物でテンビンは、天平と書かれているが、その名称は物の重さを量る天秤の形にちなんでつけられたものである。

一枚ものの釣り場マップも発売

江戸時代は、釣り文化が開花した時期だった。大名や一般の武士も釣れば、さまざまな職種の町人も海や川に繰り出した。女性も負けずに熱中した。多

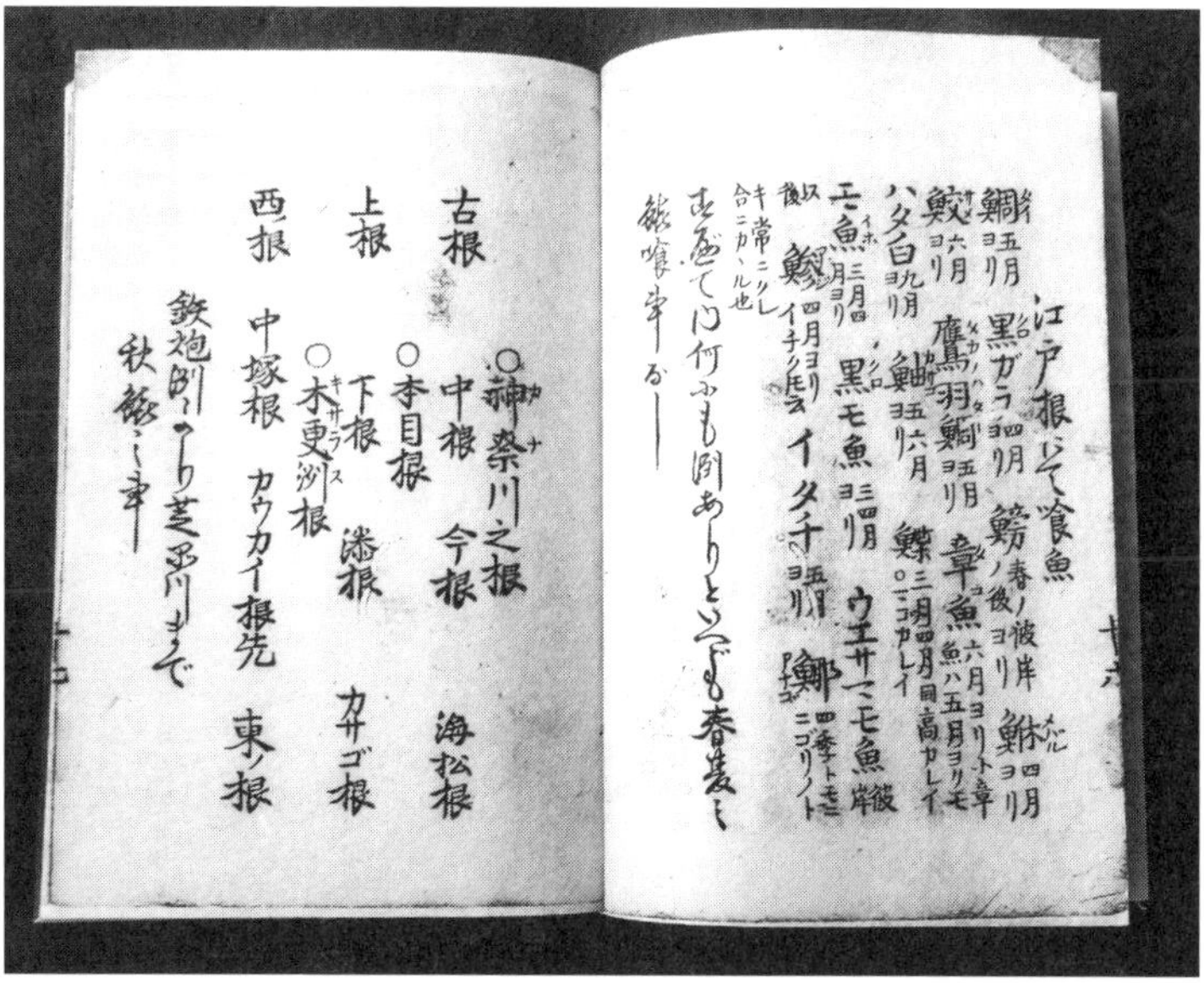
江戸根ニて喰魚
古根　○神奈川之根
中根　今根　海松根
上根　○杢目根
下根　添根　カサゴ根
西根　○木更沙根
中塚根　カウカイ根先　東ノ根

『漁人道しるべ』。ここでは江戸根で釣れる季節ごとの魚と、神奈川の根の概略を述べている

くの人は、親や友人から釣り方を学んだが、本も熱心に読んでいた。釣りの書物が出版され、書店にならべられていたのだった。

その第一号が『漁人道しるべ』。明和七年（一七七〇）に江戸の玄嶺老人という人物が筆を執ったとされている。これは木版で刷られた日本初の釣りの刊行物だが、内容は五十年ほど前に旗本の津軽采女によって書かれた『何羨録《かせんろく》』の抜粋・要約版である。

上・中・下巻の『何羨録』は、手書きの大作であったので、自分のものにできたのは、筆写を許されたごく一部の人たちだけだった。

それを出版物にして世の中に広めたのが『漁人《りょうじん》道しるべ』なのである。習字の半紙を四分の一にしたサイズで四十七丁。現代風に言うと九四ページのポケット判の小型本である。ベストセラーであったらしく、追刻本も出されている。

その十八年後に発行された釣りの出版物が『闇のあかり』という入門書だ。江戸の里旭《りきょく》という人物によって天明八年（一七八八）に書かれている。『漁人道しるべ』と同じ判型だが、序文と奥付を合わせても二十二丁の小冊子である。

この本の読者層は、スバシリつまり、ボラの幼魚を狙った岡釣り派だ。内容は釣道具屋名とその住所一覧。それから本所・深川・千住一帯の釣り場の紹介で構成されている。道具や餌については何も書かれていない。場所案内に徹したガイドブックなのである。

それから約十五年後に、『江戸海川録《かいせんろく》』が出版された。本文六丁の小冊子だが、舟釣りの種類と錘《おもり》の重さとの関係、魚ごとの餌の種類、各種の魚とその釣期、海での風の読み方などが具体的に記されているのが特徴だ。道具のイラストも添えられていて、ビジュアルと実用重視の編集方針がうかがえる。読者は、文化年間（一八〇四－一八）の江戸っ子だ。

江戸時代の釣り出版物は、年代とともにページ数が減っていくのだが、天保五年（一八三四）の『魚猟手引《かわがり》』で厚さを取り戻す。上下二巻で計三十八丁。第一巻はコイ以下十一種の川魚と、カイズやセイゴなど十二種の海産魚の捕り方が紹介されている。文章は『江戸海川録』からの借用が多く、その影響を受けている。

一枚物の釣り場案内図もさかんに出版されている。『東都釣独稽古《ひとりげいこ》』は、一・五尺（四五センチ）四方の木版刷りで、江戸湾内が対象。初版は文化十四年（一八一七）とされている。

天保年間（一八三〇－四四）になると同趣向の一枚物の刊行が続く。相次ぐ釣り場マップの出版は、釣り人口増大の指標であったのだ。

雲の色や形で天気予報

『釣客伝《ちょうかくでん》』という古書がある。「三河屋改め黒田五柳《ごりゅう》」と名乗る人物による手書きの稿本だ。いつごろのものかというと、天保年間の日付が出てくるので、江戸後期の著作である。この書物には、さまざまなことがしるされていて、釣り人のための観天望気の知識も紹介されている。

「第一番には、時候なり。釣人の心得は、時候日並なり」と黒田五柳は、強調している。天気の予測は、舟に乗って沖釣りをする場合にとくに必要な知識だったのだ。『釣客伝』には次のように書かれている。

「前日、日の入りに西の方に黒雲立つ。これを土手と云ふ。翌日たぶん東風《こち》吹くなり」

東風が吹くと、多くの場合、魚が食い渋って釣りにならないので要注意だ。

「日の出に東の方曇り、雲間に赤黄色の雲棚引き出るを窓と云ふなり。その日は昼後より多分、雨になるべし」と、降雨の予測法もあるのだが、それよりも風の兆候を読み取る記述の方が量で上回る。

「沖釣の節、不二（富士）の山よく晴れ、また一天に雲少しもなく空晴れたる節、油断すべからず。その日は多分、風になる」

「空に小さき雲出る。これをふん出し雲と云ふなり。この雲出る時は風となり、何風にても、ふん出し雲は風の知らせなり」と、いう具合だ。

強風で海が荒れたり、舟が押し流されたりすることを警戒していたのであろう。雨なら濡れるだけで済み、命の危険まではない。

風とならんで、江戸時代の釣り人が警戒したのは、雷だった。舟への落雷と風向の変化をともなう突風をおそれたのだ。黒田五柳は「沖にて雷の節、風変わりなり」「何風にても雷の節は、手早く上がるべし。四季ともに風変わり早きものなり」と、注意を呼びかける。

運悪く、陸に上がる前に大雷に遭った場合は、浅瀬に舟を寄せてとめる。釣り人は舟から降りて一人ずつ離れて立ちならび、雷が通り過ぎるのを待つのがよいと助言している。

雷と風の関係は、寒冷前線の通過によって説明できる現象だ。

ところで、昔の予報はどれくらいあたったものなのか。結論を言えば、かなりの精度を持っていたようである。私が子供のころ、瀬戸内海の牛窓へ父に連れられ、舟釣りに行ったときのこと。老船頭は明け方の雲の色と形を見て、午後から雨になると断言した。

「日の出に東の方曇り、雲間に赤黄色の雲棚引き出る……」という黒田五柳式の見方である。不思議なことを言うと思っていたが、その通りになって驚いたことを覚えている。

当時の地方の漁村では、江戸期から伝わる天候変化の読み方が日常的に使われていたのであろう。このときの獲物は、マダイとベラだった。エビ餌での手釣りである。半世紀前の釣行。

考えてみると、幕末からまだ九十年の歴史距離であったのだ。

年来の不巧者はいつの世も

大勢の釣り人を乗せた釣船が船着場を出ようとしている。後からきた人が、その船に向かって声をかける。「おーい、名人」

釣船の全員が一斉にこちらを振り向いた。

釣り人は、誰もが自分を名人だと思っているという笑い話だ。

江戸時代にも釣り名人の要件は、いろいろ考察されていた。『釣客伝《ちょうかくでん》』という書物をのぞいてみよう。

「釣は勘なり」と著者の黒田五柳《ごりゅう》は断言する。船釣りでも野釣りでも「先ずはその日の汐時を考へ、または風の様子勘を付くべし」。

勘の良さが釣り名人の必要条件のひとつだが、五柳の意味する勘は、観察力に近いものだ。

風向きに気をくばることも釣りには大事であるという。

「浮魚は東風忌むべし」だが、「せいご、鱸《すずき》の類は東風には障りなし」というように、魚によって差があるから奥が深い。

「勘の付きかねたる節は、ひとまず休息致し、そのうち道具等を調べ置く」と心構えを説いている。

五柳は、耳の痛いことも言っている。

「さて釣人にても色々あり。年来好きにて釣に出る人にても、勘のなき人は年来、不巧者なり」。釣り歴の長さにかかわらず、勘の悪い人は永遠に下手のままだと手厳しい。

名人の条件として「根」もあげている。根気のことである。

「釣に取掛かりたる時、根よく油断なく、わけて大釣は物静かにいたし、余所見なく、これ根なり。また退屈し油断すれば、はたして仕損じあるなり。心得《こころう》べし」

根気が大切であるといっても、総合的な状況判断も欠かせない。「まず大釣は根よく、小釣は場所折々手早く替るべし」。大物釣りと小物釣りでは作戦が違うのだ。

また、いくら辛抱強くと言っても時と場合によりけりだ。そこのところを間違えてはならない、と五柳は念を押す。「辛抱よく。これも時により、これらは皆人々知る所。汐違ひに根を尽くすこと、これ無益なり」。潮の流れが止まっているときに、いくら頑張っても魚は釣れない。

指先の感覚の鋭さも重視された。

「魚の引き様、当り様にて、これは何魚の引き様、何魚の当り様、これを早く勘付くべし。なおまた細かき当りにても大魚あり。これを分けて知るべし。よき当りにても小魚あり。これすなはち、この所に上手下手の論あり」ということだ。

現代の釣船でもときどき困った人がいる。

タイ釣りの外道のサバを本命と間違えて、ポンピングをしながら大切そうにリールを巻く。

海中では鉤《はり》がかりしたサバが縦横無尽に走り回って、船中お祭りの大迷惑だ。お祭りとは釣糸がからむことである。

「年来好きにて釣に出る人にても、勘のなき人は年来、不巧者なり」という五柳の言葉は、時代を超えて通用する釣りの真理なのである。

【第5章】

江戸のさかな

江戸っ子は、初夏のカツオに大金をはたき、冬のフグに命をかけた。精緻な細工の短竿で、小さなタナゴを狙って粋《いき》を楽しむ特異な釣りも発達させた。アオギス釣りでは江戸湾内の浅所に脚立を置き、その上に座って竿を延べ、糸を垂らした。天と波と風の境に身を置く爽快な釣りだった。

北斎の大波に初鰹の食味

　波頭に白い飛沫《しぶき》を散らしながら、大きな波が崩れかかる。その向うには富士山の遠景が描かれて、画面の手前には、波にのまれそうな三艘の小舟。

　葛飾北斎の浮世絵中で最も有名な一枚の「冨嶽三十六景神奈川沖浪裏《なみうら》」だ。

　ところで、描かれている小舟は何だろう。人の姿もあって、数えるとひとつの舟に八人が乗っている。

　この舟の名は「押送船」。縮めて、おしょくりせんとも呼ばれた。八人が各一本の櫓《ろ》をこいで進む八丁櫓の高速船なのだ。一見、物見遊山の船のようだが、そうではな

葛飾北斎「冨嶽三十六景神奈川沖浪裏」

い。

　江戸時代の人々は、北斎の大波の浮世絵を見ると、必ず「目に青葉……」の句を連想したのである。理由は、この舟が今、初鰹《はつがつお》を仕入れに行くところであるからだ。

　江戸の釣り人・黒田五柳《ごりゅう》の『釣客伝《ちょうかくでん》』には、そのあたりの事情が魚釣りの視点で紹介されている。「小田原海、鰹釣は竿釣なり。竿の長さ三四間（六メートル前後）くらいにて、糸は竿より三四尺（約一メートル）短く、針は江戸の鯰《なまず》針の太鉄を用ふ」。水深五六十尋（約八〇メートル）の海で、舟の上から小鰯《いわし》を餌にして釣った。錘《おもり》なしの仕掛けである。

　カツオを釣っているとシイラが混じると五柳は書いている。「この魚、江戸に多く来たらざる魚なり、細長く二尺（六〇センチ）くらい」という説明だ。

　さて、本命はカツオである。「鰹を引掛けたる節、船頭ことのほか騒ぐなり」。理由は、商品価値が高いからである。

「鰹は所の者、江戸魚と云ふ。魚釣れたる時、押送船そこに来たり、船中にて直《じか》に魚相場を極め、買ふなり」

　江戸を出た押送船は、江戸湾の西口に突き出た三浦半島を回って相模湾の鎌倉や小田原沖に向かい、そこでカツオを釣っている漁師から直接買い取ると、今度は江戸・日本橋の魚市場を目指して櫓を漕ぎ立て、海上を矢のように進んだ。

　北斎の絵が示しているのは、他船に負けてはならじと風波をついてカツオの仕入れに出かける押送船の雄姿。波は外洋のように高いが、神奈川沖とあるので、場所は現代の横浜沖であり、江戸湾内の光景なのだ。

この絵で見落としてはならないのが波の表面に描かれている縞模様だ。青の濃淡の縞模様は「鰹縞」という名で当時から着物に用いられていたデザインだ。カツオの体側に現れる縦縞にちなんだ名称である。

北斎はこの大波を際立たせることで、見る人に初鰹の大漁をイメージさせたのだ。主題そのものを描かずに、副次の景物でそれを示す「留守模様」という江戸の粋な美術表現の技法である。この名作の忘れられていた意味を現代において提唱したのは、私のささやかな貢献だ。

カツオを積んだ押送船は、江戸に戻る途中で夜を迎える。北斗七星と北極星を目印に、暗い海上を北に向かって進んだのだ。

日本橋の市場には夜明け前に到着し、朝一番で江戸中の魚屋が天秤棒を肩にかついで、盤台に入れた鰹を売って回った。ほとんど走るような勢いで、威勢のよい商売だったのだ。赤身魚の鰹は、変化が早い。だから押送船も魚屋も大忙しの活躍だった。

北斎の富士と大波は芭蕉の「鎌倉を生きて出でけん初鰹」の句と呼応する。

「この釣は、夏より秋の釣。これは至つて面白き釣なり」と黒田五柳は書いている。

鯨が潮を吹き海亀も浮かぶ

三百年昔の江戸浦――。そこで釣糸を垂れたとき、どんな魚が釣れたのだろうか。

富士山を背景に、白帆に風をはらんだ弁財船（千石船）や大小の荷船が波静かな海を行き交っている。日除けの竹の子笠をかぶった釣り人が頭をめぐらすと北の方には筑波山も遠望される。そうした絶景を楽しみながらの釣りである。

荒川や中川など幾筋もの河川が流入する湾内には海岸から地先まで多数の浅い洲が発達し、その間を網の目のように澪《みお》筋が縫っている。

釣り人を乗せた小舟は、澪を利用して移動した。満ち潮は澪を流路としていち早く岸に寄せ、引き潮は澪を早瀬のように沖に去ったので、干満を上手に利用すると船頭は楽に櫓《ろ》を漕げた。

江戸前の海底は、大部分が砂泥底である。ハゼがいて、河ぎすと呼ばれたアオギスや海ぎすと称されたシロギスもいた。

多くの魚は海底から岩礁が盛り上がった「根」の周辺に参集する。江戸の湾内にも江戸根・中の根・文庫根など十ほどの根があった。

釣り旗本、津軽采女《うねめ》の『何羨録《かせんろく》』には湾内の根で釣れる魚が季節とともに書き出されている。

三、四月は、並鰈《なみがれい》・目高鰈・まこ鰈、もうを・黒もうを。

彼岸からは上様もうを、あいなめ。

四月からは、黒から・めばる・鯵《あじ》。

五月からは、鯛・鷹羽・いたち。まれに小章魚《こだこ》。
五、六月からは、かさご。六月からは、章魚《たこ》。八月からは、鮫《さめ》・黒鯛。
九月からは、はた白。

また、四季を通じて潮が濁っているときには、あなごが釣れた。

現代ではよくわからない魚名もあるが、「もうを」は藻魚でソイの仲間。「黒から」もソイの一種であろう。「鷹羽」は「二品あり」とされており、タカノハダイとカイワリらしい。「いたち」はイタチウオで、「はた白」はマハタの可能性がある。

この他、現在の羽田沖の柾木という場所で釣れる魚として、鱠残魚《きす》・鰈・えそ・鯒《こち》・鯵・ほうぼう・うぐい・小鯛・石首魚《いしもち》・尨魚《くろだい》・河豚魚《ふぐ》・あいなめ——の名が列挙されている。

このほかネズッポが小鯒として書かれている。

津軽采女によると、柾木の海には鯨も現れた。「鯨も出て潮を吹くことあり。すなめりなどと云ふ大魚も出、海獺《あしか》も出るなり」と書かれている。スナメリは魚ではなくて、体長二メートル弱の小型鯨だ。

隅田川の河口からさほど遠くない間之洲の付近では海亀が姿を見せた。『何羨録』には「このあたり大亀浮かび出づ。亀の出る日はなぎと云り」とある。

ちなみに十箇所あった湾内の根のうち二つは、江戸城の石垣用の石材を運ぶ石船が嵐で沈没してできたものだった。江戸の人工魚礁である。

武家社会で鯛に人気

江戸時代の元禄年間（一六八八－一七〇四）に書かれた『本朝食鑑《ほんちょうしょっかん》』という書物がある。生物百科事典のような内容だ。そこでは、食の効果からタイが絶賛されている。

「煮食、炙食《しゃしょく》ともによく人を益し、五臓を補ひ、中を温め、気血を滋《ま》す。常に食して顔色を悦ばしめ、人を延寿ならしめ……」というほめようだ。煮ても焼いても体に良く、常食すれば顔色もよくなり、寿命ものびるということだ。

また同書は「本朝の鱗中《ぎょるい》の長、形色ともに愛すべし。水中にあるときは、則ち紅鱗光を動かす」とも紹介する。

タイは姿も色彩もすぐれていて、日本の魚の王であるというわけだ。

しかし、タイが日本の魚の最高位にのぼったのは、武家社会になってからのことである。タイには「大位」、コイには「小位」という字があてられたりして、タイが格上ということになっているのだが、平安時代などでは、登龍門を通って龍に出世するコイの方が偉かった。

天皇が暮らした京の都は海から遠かったので、タイには鮮度でハンディがあったことも一因だろう。

　時代が下って、徳川家康が江戸に幕府を開いてからは距離の問題もなくなり、タイは慶事の祝膳に欠かせない魚となった。

　タイの姿形が美しいのはもちろんだが、魚名が「めでたい」に通じることも幸いした。

　タイを切らず、一尾を丸のまま食膳にのせる「尾頭つき」も、身を切られることを嫌った武家の間で喜ばれたということだ。

　江戸時代の尾張藩士で俳人として知られる横井也有《やゆう》には「百魚譜」または「衆魚譜」という小文があり、タイについて次のように述べている。

「人は武士、柱は檜、魚は鯛とよみ置きける。世の人の口にをける、おのがさまざまなる物好はあれども、この魚をもて調味の最上とせむに咎《とが》あるべからず。糸かけて台に据へたる、外に似るべくもなし。しかるを、もろこしには、いかにしてか、ことに賞玩の沙汰も聞へず、これに乗りける仙人もなし」

　タイは料理の味も最高だし、祝儀用に紅白の紐をかけて白木の台に据えた姿も比類なく堂々としていると賞賛しているのだ。

　横井也有は、タイが日本で珍重されているのに、中国《もろこし》では特別扱いされていないことを不思議がっている。中国ではコイの背に乗った仙人の絵が描かれているのに、タイではそうした絵も存在しないのだ。

中国だけでなく、西欧でもタイの人気は高くないのだが、古代ギリシャの哲学者アリストテレスは、その味を知っていた。「タイは春が最高」と書いている。さすがに万学の祖だ。

ともにめでたい鯛と鯉

正月の魚は、やはりタイである。江戸時代から「めでたい」の「たい」に通じるとして、祝賀の進物用にもされてきた。

ところで徳川将軍が食べたタイの値段は、いかほどのものであったのか。そのめずらしい記録がケンペルの書いた『日本誌』という書物に記録されている。

ドイツ人の医師で博物学者であったケンペルは、元禄四年（一六九一）、オランダ商館長に従って長崎の出島から江戸へ行き、三月二十九日に、五代将軍綱吉に拝謁した。そのとき、側用人として権勢を誇っていた牧野備後守成貞《びんごのかみなりさだ》と知り合い、牧野が自邸に綱吉を招いたときに用意した魚の値段について聞きおよんだようだ。

驚くほどの高額である。何とタイは小判百六十枚、タラは九十枚で買い求めたものを折り詰めの魚菜として出している。元禄のころの小判一枚、つまり一両は、現代の八万円に相当するから、タイは千二百八十万円、タラは七百二十万円という計算だ。

将軍が食したタイは二尾なので、それだけのための値段だとすると、日本一の特上タイを用意したとしても高すぎる。おそらくは、牧野邸に綱吉とともに訪れたお付きの人々への料理にも添えた、かなりの数のタイを合わせての費用であろう。

ケンペルは、一般論としてタイとタラは値段の張る魚であると記し、「タイは二両以下では絶対に買えない」と断言している。冬場や大型の祝宴が催されるときなどには、売り手相場となって値段が高騰するとも書いている。

食味と縁起の点においてはタイが尊重されたが、格式という点ではコイが一歩も譲らなかった。武士の魂の刀を飾った鐔《つば》や目貫《めぬき》、小柄《こづか》の図柄に用いられた魚は、圧倒的にコイが多い。

この人気は、百歳を超えたコイが中国・黄河の中流域にある龍門の滝に集まり、見事に滝を登りきったものが龍に昇格するという伝説によるものだ。

コイが龍に化するについては面白い話がある。魚は陰陽二種のうち、陰の生物とされていた。だから、その長《おさ》であるコイは、陰の数の六（偶数は陰、奇数は陽）を二乗した三十六枚の鱗《うろこ》を持っているという。「六々鱗《ろくろくりん》」というコイの異名はここから生まれた。

それが龍に変わると、陽の極数の九を二乗した八十一枚の鱗を持つようになるという。昔の人は、そう信じていた。ちなみに、九月九日を「重陽の節句」と呼ぶのも、陽の数が重なるという意味からだ。

ところで三十六枚の鱗とは一体、何のことだろう。じつは、コイの側線鱗数なのである。側線は水中音響などの感知器で、体の側面にミシン線のように見えている。エラ蓋のあたりから尾にかけて、側線沿いに数えた鱗の数が側線鱗数だ。魚類分類学での重要な指標である。昔の人の観察力と想像力はすごかった。

俳句にも詠まれた桜鯛

江戸時代にはタイを詠んだ俳句が多い。釣りに関連した句も作られている。

「大海や釣をいとはぬ桜鯛」「釣舟にいけて見よかし桜鯛」

「桜鯛」は桜の花が咲くころ、体色の鮮やかなマダイが産卵のために沿岸や内海にくることにちなんだ呼称で、春の季語である。

「引網は花に嵐よ桜鯛」「大海に幕打ちて見ん桜鯛」。これらは、青い海を背景にした漁の句だ。料理の句も少なくない。「包丁のあたるや嵐桜鯛」「ふきちらすいろこや花の桜鯛」。「いろこ」は、鱗のことである。

「花よりも実こそほしけれ桜鯛」「山海の珍物なれや桜鯛」「浜焼の串や千本桜鯛」「からし酢にふるは泪《なみだ》か桜鯛」「潮煮の眼には青葉や桜鯛」

「浮き鯛」も春の季語。深い海から瀬戸内海に産卵にきたマダイが強い潮流に巻き込まれて急浮上すると、鰾《うきぶくろ》が膨らみすぎて海面に漂うことになってしまう。魚影の濃かった昔は、こうした現象がしばしば見られ、春の海の風物詩になっていた。

「ちる頃や明石の鯛の花盛り」「須磨の浦や若木鯛咲くけしき有」「前の魚須磨や花見の桜鯛」

これらは、瀬戸内のタイである。

江戸時代の人は面白おかしい句も作っている。「桜鯛は浦の苫屋《とまや》の花見哉《かな》」。これは、藤原定家の「見渡せば花も紅葉もなかりけり浦の苫屋の秋の夕暮れ」という歌のパロディだ。

「鯉は瀧木に咲き上れ桜鯛」。こちらは、コイが滝昇りをするなら、桜鯛は木に咲き昇れという句意だ。

「風はふくと浪はたち魚桜鯛」。この句には、タイのほかにフグとタチウオも入っている。

タイの頭や骨を使う潮汁や潮煮は、江戸時代から高級料理屋で出されていたようだ。当時の川柳にもかなりの数が詠まれている。

「平清《ひらせい》の奢《おご》りのするゑもうしほなり」

「平清」は、深川の料理屋で、そこで出される豪華な料理の締めくくりが潮汁という意味だ。これに平清盛に象徴される平家一門が壇ノ浦の海に消えた運命を重ねている。

「ふけて座は野分穴目の潮平《うしおびら》」

「潮平」は、平椀に入れた潮汁。この川柳は、晩年に零落して死んだという小野小町の野ざらし伝説をふまえている。穴目という言葉にはタイの目と、草むらに転がっていた小町の頭骸骨が「秋風の吹くにつけても穴目穴目」と嘆いたという話が関係している。

タイの潮汁は高級だが、知らない人には粗末な料理にみえた。そんな江戸の笑い話も残っている。「田舎からたまたまの珍客、気を張って鯛の潮煮、亭主は自慢のあんばい。客人はむっとした顔で『コレ御亭主様、いかに拙者が田舎ものなればとて、鯛の目が食はれようか』」

同じような川柳もある。「やい喜助肋骨《あばら》の湯漬けが食はれるか」。田舎武士が遊女屋の若い者に怒っているのだ。

鯉の焼き身と義士切腹

忠臣蔵の赤穂浪士、大石内蔵助以下の四十六人は、元禄十六年（一七〇三）二月四日に切腹した。主君の無念を晴らした名誉の忠臣と称賛された一同は、身柄を預けられていた細川家などの大名屋敷で連日のご馳走攻めにあっていた。彼らは、切腹の前に何を食べたのだろうか。記録は残っていないが、おそらくコイが食膳にならべられたはずである。

洗いのような生の料理ではなく、焼き魚のコイが饗されたと思われる。理由はそれが武士の切腹儀礼であったからだ。

コイと切腹の関わりは、明治四年（一八七一）生まれの新聞記者、篠田鉱造が年配の女性たちから江戸時代の風俗習慣を聞き書きした『幕末明治・女百話』に載っている。

「生きづくりは（中略）御祝儀にも使う鯉《こい》ですけれど、ソレが焼物となると、不吉の場合のお膳につくそうです。判官様御切腹といった時の、切腹前に出る御供膳《おみおぜん》に、鯉の焼物が附きますそうですから、鯉の焼物は不吉だと、よく父親に聞かされました」

　これは、諸大名に御膳物をおさめる御用達の娘であった婦人の証言だ。

　現代でもコイの焼き魚料理というものを見かけないのは、そのためか。

　切腹前の武士の膳に添える魚には格式が求められるが、タイでは場違いの感があって、やはりコイでないと落ち着かない。生臭物でもいけないので、焼き身にしたのだろう。

　コイは龍になると信じられていた魚である。その変身の目撃談が『古今妖談集』に収められている。ある年の三月三日。折からの風雨をおして大岡助七郎という武士が供を従え、江戸城に登城する途中のことだった。

　虎ノ門に近い溜池で、高さのある岸から水が勢いよく落ち込んで小さな滝のようになった所があった。そこにさしかかると、思わず大岡の足を止めるほど多くのコイが群れていた。

不思議な光景を眺めているうちに一尾が果敢に小滝を登った。するとどうだ。異変が起きた。

「この辺り、たちまち黒雲覆ひ、稲光し、雷一声鳴りわたりける。その時、くだんの鯉、登りし滝の中より、あやしき長蛇のごとき物、空中へ登りける」

　コイが龍になり終えると、あれほど激しかった風雨もにわかに収まったということだ。「しかして、そのまま空晴れ、白日輝きけり」と書かれている。

ついでにコイの食味についても触れておこう。『本朝《ほんちょう》食鑑《しょっかん》』という江戸時代の書物では「その味わい、産する所の水によりて好悪有り」としたうえで、大坂の淀川のものを第一にあげている。京都の宇治川や琵琶湖産がそれに次いだ。

「肉色は紅白を相交え、麗しきこと桃花の盛りに開きて露を含んで昼にかがやくが如し」。とてもおいしそうな解説だ。関東では隅田川産も知られていたが、水が濁っているうえに海が近いので、いまひとつであるという格付けだった。

江上の閑涼、忘世の楽しみ

秋のハゼ釣りは、昔から人々を楽しませた釣りだった。江戸時代の天保五年（一八三四）に出版された『魚猟《かわがり》手引』という釣りの本にも、江戸湾に注ぐ隅田川河口でのハゼ釣りが紹介されている。

歌麿「沙魚釣舟」

「はぜ。当才をできといふ。三才よりをばばあといふなり。おもりづり。ごかいゑさ、品川にてはゑびのきりゑさなり。本所深川のおか釣は、みみずゑさなり」とある。その年の春に生まれたハゼは現代でもデキと呼ばれる。二歳ものはヒネといわれるが、ババアというのはあまり聞かない。三歳もののことであるという。

　しかし、江戸の川柳には数多く詠まれている。

「竿の腰二た重《え》に曲がるばばあはぜ」。竿が大きく曲がる大物なのだ。

「男か女か知れぬばばあはぜ」。とにかく年を経ている。

「ばばあといふ頃が沙魚《はぜ》食い盛り」。驚くべき食欲。

「餌のない針を見かぎる婆あ沙魚」。なかなかのしっかり者である。

　現代の女性たちなら、こうした譬《たと》えに怒りそうだが、江戸の若い女性もつむじを曲げた。

「婆あ沙魚見るもいやだと嫁食はず」。デキハゼの若々しさが消えていたせいもあるだろう。

『魚猟手引』には、錘《おもり》の製法も載っている。「おもりづりに用ゆるは、鉄砲の玉の鋳型にて鉛をわかし、つぎ込みて製《こしらえ》する。大小又は角にするもあり」という説明だ。江戸の釣りの錘は、弾丸と同じようにして作られていたのだった。

　江戸のハゼ釣りは、約三百年前の『本朝食鑑』にも載っている。

「波世魚《はぜ》。江河の処々これをとる。江都の芝江、浅草川、中河、小松川等、最も多し。夏秋の間、漁これを網す」。江都は江戸のことであり、浅草川は隅田川の河口部のことである。

ハゼ釣りの仕掛けは「鈎上の綸《いと》二三寸に鉛錘一箇を着く」というものだった。ハゼが泥砂底に近い場所に生息しているため、と説明されている。

その錘は「弾丸の如く或は小鐘の如く、重さは四、五銭に過ぎず」とある。球形や釣鐘形の錘が使われていたわけだ。

「鉛錘、地につかば、すなはち魚、餌を含む」

「餌は鰕蛤《えびはまぐり》にて幾須《きす》、鮎魚女《あいなめ》、鰈《かれい》、黒鯛の類を釣るもまたしかり」ということだった。

『本朝食鑑』のハゼ釣りは精彩に富んでいる。「江都の士民、好事、游《あそ》び嬉《ず》きの者の扁舟《へんしゅう》に棹さし、簑笠《みのかさ》を擁《よう》し、茗酒《めいしゅ》を載せて、竿を横たへ、綸を垂れ、競て相釣る。これ江上の閑涼、忘世の楽しみ」と述べられている。元禄初期（一六九〇年ごろ）の釣りの風俗が生き生きと描写されているのである。

鱚釣りに一刀流の合わせ技

江戸湾でのキス釣りは、当時の釣り人の間で大変な人気があった。人々はどんなふうにキスを釣っていたのだろうか――。

江戸時代の人だから、のんびり和気《わき》藹々《あいあい》と釣っていたと思いたいところだが、現実は大きく異なる。

そこまでやりますか、と言いたくなるほどだ。彼らは抜け目なく振る舞い、人より多く釣ろうと考えていたようである。江戸の釣り人の意外な一面だ。

江戸の後期に、黒田五柳という人物が釣りの実際と心得を説いた『釣客伝《ちょうかくでん》』という書物がある。この中で舟でのシロギス釣りでの注意が述べられている。

「まず鱚《きす》釣りは行儀よく、舟に片寄せ手廻し餌廻し早く、合はせ口第一なり」

舟の中を整頓しておき、動作は機敏に、餌のつけ替えも素早くおこなえ。合わせが何よりも大切だ——。ここまでは、もっともな教えである。問題なのは、これに続く部分だ。

「上げ竿早くねかし、外船《ほか》へ知られざる仕方」と書いている。

キスが釣れたとき、釣竿を高々と上げていては、ほかの舟に目撃されてしまうので、早く横に寝かすように、と言っている。

釣れているのが見つかると、ほかの舟がやってきて潮先で釣りを始めることがあったらしい。

鈴木春信「きす釣」

まさかと思う人には「立ち込み釣り」での注意を読んでもらいたい。

「竿上ぐるも竿打ち返すべし。これ外々《ほかほか》へ知らさぬためなり」

これは舟釣りの場合と同じ理由だ。

「人々の竿の上るを見付くべし。外々に当たりあらば、その汐取りを感づくべし。流れ先へ廻り、いずれにも手を延ばし打つべし」

釣れている人を見つけたら、その潮先に回りこみ、竿を握った腕を伸ばして釣るようにと悪知恵をつけている。油断も隙もあったものではない。江戸湾で、のんびり釣っていては全部横からさらわれてしまう。

また、キス釣りは合わせが難しいとされていた。

黒田五柳は「鱚釣り、合せ口、まことに呼吸ものにて、よく勘づくべし」と述べている。

江戸時代、キス釣りの呼吸は剣術の極意にたとえられた。「きす釣りや一刀流のあはせ突き」という俳句が作られているほどだ。書物によっては「合せ引き」であったりするが、言わんとするところは同じであろう。後《ご》の先《せん》を取るという心か。

ちなみに「魚釣り剣術」という言葉もあったようだ。こちらは、竹刀の先を上げ下げするだけの見掛け倒しの剣術をからかった表現である。

旗本の津軽采女が書いた『何《か》羨録《せんろく》』の対象魚は、キスである。多くの武士がキス用の釣鉤を考案している。

油断と隙が禁物のキス釣りには、敏捷さが求められる剣の修業に通じるものがあったのか。

名物の火事が生んだたなご釣り

「火事、喧嘩《けんか》、伊勢屋、稲荷に犬の糞《くそ》」は、江戸の町の名物尽くし――。

これらとならんで、タナゴ釣りも江戸で発達した特異な遊びである。

そしてこのタナゴ釣りは江戸の火事が生んだものなのだ。

タナゴ釣りは遊びの釣りの美学を集めて生まれた江戸の釣り文化の結晶だ。粋《いき》を第一にした釣りでは食用になる魚や大物は目指さず、その逆の存在を釣ろうとした。鱗も精緻で宝石のようなきらめきを持つ小さなタナゴがその条件を満たす魚であった。

江戸のタナゴ釣りの季節は冷たい木枯らしが吹く真冬だった。人々は深川界隈などの掘割に浮かべられた材木筏《いかだ》の上に座布団を敷き、その上に座って材木と材木の隙間から釣糸を垂れてタナゴを釣って楽しんでいた。

文化年間（一八〇四－一八）に書かれた『釣竿類考』という書物には「たびらこ」としてタナゴの釣りが紹介されている。

「たびらこは十月末より川々の岸に筏を置きたる此《この》下に込み居る」

「たびらこ釣糸一尋《ひろ》等、随分細き糸なり」（尋は両手を広げた長さ）
「たびらこの竿、刎竿《はねざお》の細き物なり。又鯨を丸く削りて煙管《きせる》の羅宇《らう》竹《だけ》の如くなるに仕込にて抜き出して用るなり」

タナゴ竿の穂先には丸く細長く削った鯨のヒゲが使われ、その繊細な穂先は煙管の筒のような丸い竹の中に収められるようになっていた。鯨のヒゲは弾力に富んでいる。

木の葉のような小魚で十分な釣り味を満喫するために、竿にはこうした工夫が凝らされていたのだった。タナゴ竿はあらゆる種類の釣竿のなかで最も細くそして短い。

一尺五寸（四五センチ）ほどしかない竿でありながら、数本継ぎに細工されていた。粋人はこの竿を手で握らず、親指と人差指に中指を添え、三本の指先でつまむようにして釣ったのだ。ほとんどの魚が釣れなくなってしまう厳寒期にもなお釣れるタナゴは、江戸の釣り党にとってかけがえのない魚だった。

人々は仕掛けにも洗練を心がけ、実利から最も離れた遊びの釣りの極致としてタナゴ釣りを楽しんだ。この釣りは、小さな樹形に老大木の趣を集約する盆栽と共通する要素を持っていた。江戸っ子はそこに面白みを見出したのだ。

餌にも気が配られた。泥臭いミミズは使わない。時代が下ると玉虫が用いられるようになったが、初期には饂飩《うどん》が使われた。『江戸海川《かいせん》録』という同時代の釣りの案内書には「たなご。うんどんにてつり、くひよし」と紹介されている。

ところで、タナゴ釣りはどういう理由で、江戸名物だった火災の副産物と言えるのか――。

人々がタナゴ釣りに利用した筏《いかだ》は大火が絶えない江戸の町に備蓄されていた再建用の建築資材。それが至る所の水路に浮かべられていた。タナゴは物陰を好むので筏の下に集まった。江戸の釣り人はそこに目をつけたのだ。

たなご釣りは黒髪で

江戸のタナゴ釣りは豪商や大名、上級旗本などがしていたという話を聞いたことがないだろうか。例えば、金屏風を川辺に立て回し、緋《ひ》毛氈《もうせん》の上に錦繡《きんしゅう》の座布団を敷き、芸妓をはべらせて美酒を呑みながら、高金を積んで花魁《おいらん》から貰った一筋の黒髪を釣糸代わりに使い、金の錘《おもり》を水に投じて釣っていた――という類の話である。

いかにも江戸時代らしい情景だが、当時のタナゴ釣りの実像とはかけ離れている。実際は厚着で着ぶくれた庶民が、寒中に鼻水をすすりながら深川・木場などの水路に浮かぶ筏の下に集まるこの小魚を釣っていたのだ。

釣り手がいつしか庶民から大名や豪商に置き換わり、金屏風や緋毛氈、金の錘までのおまけまでが添えられたのである。

どうしてこれほど歪んだ情報が現代に伝わることになったのか。

理由のひとつはタナゴ釣りが特異な釣りであったからだ。釣り人はタナゴを食べることを目的にしていなかった。釣り上げた獲物が食の副次効果をもたらしにくいこの釣りは、完全な道楽に限りなく近い。小さくて細いタナゴ竿には名人竿師によって技術の粋が凝らされた。

後世から江戸のタナゴ釣りの表面だけを眺めれば、すべてが無駄と豪奢に行きつくようにも見える。凶作にあえぎ、飢えに苦しむ貧民の存在を対極に置くと、かっこうの江戸否定の材料であった。

ありとあらゆる方面から幕政時代を否定してかかる必要があった明治の為政者はタナゴ釣りも見逃さなかったのだ。こうした明治の政治風土の中で誇張され、歪曲された江戸のタナゴ釣りは、尾鰭に尻鰭までがつく形で定着したらしい。

ただし江戸時代のタナゴ釣りで女性の黒髪が釣糸にされたのは事実。最初に行ったのは文学者の喜多村節信《ときのぶ》で文政年間（一八一八－三〇）後期のことだった。

「鱮《たなご》魚釣あり。これは多くつれて興あるものなり。寒中材木の河に積たる処、本所深川に多し……鱮魚の釣具いかにも軽く少《ちいさ》きがよし。おのれ一とせ戯に髪毛を糸に代て用ひしかば、其時はまねする者もすくなかりしが、翌年の冬より大かたみなこれを用ひたり」と書いている。

面白半分に髪の毛を使ったところ、次の年から大流行した。友人も「むすめの髪の毛なりとて、いと長きを十筋ばかりたなご釣に用よ」とくれた。この贈呈には「大象もつながむほどの黒髪をたなご釣にあたら物ずき」――という狂歌がそえられていた。

これが馬の尻尾だったら花魁伝説は生まれなかっただろう。すべてが女性の黒髪から膨らんだ想像力の連鎖反応の産物なのだ。

喜多村節信はタナゴ釣りの漢詩を作っている。

「無数の巨材、河浜に繋ぐ。僅に間空有りて即ち綸《いと》を下ろす。木に縁《よ》りて魚を求むるの何ぞ怪しむに足らん。松杉《しょうさん》堆《つ》む裏より鮮鱗を引く」

鮫の腹から千両を得た紀文

釣りを好んだ文豪の幸田露伴《ろはん》は、慶応三年（一八六七）の江戸生まれである。

明治四十四年（一九一一）三月二日の露伴の日記に面白い記録を見つけた。

その日、露伴のもとに土佐国（高知県）室戸の人がやってきて、土地の漁具をくれたという。

興味をそそられるのは、それに続く部分だ。

「同人語るらく、室戸の吉良福之助といふものの家、四五十年前ナイラギといふ鱶《ふか》を割きて財布をば得、これを披《ひら》き見るに、金はなはだ多く、ついに富をなせりと」

幕末のころ、室戸の吉良という人物がサメの腹の中から財布を見つけ、その中に入っていた大金を元手に資産家になったということだ。話は続く。

「明治になりても同家また鱶を割きて物を得、たづさはれるものども口々に言ひののしりて一村走り集まりしが、こたびは黄金ならで、脚絆《きやはん》とこれに包まれし人の脚骨なりし……」ということだ。二回目は、サメの腹中から金貨ではなく、人の脚の骨が出てきたのだった。

露伴は、この話には紀伊国屋文左衛門の出世物語と似ている部分があると述べている。

「沖の暗いのに白帆が見へる、あれは紀伊国蜜柑船《みかんぶね》」の歌詞で知られるあの紀伊国屋文左衛門のことである。

紀文こと紀伊国屋文左衛門はミカンで財をなし、それを元手に材木商となって大成功を収め、元禄の豪商として名を残す人物だ。

彼が二十代のある年の十月、紀州（和歌山県）のミカンは豊作だったが、海は時化《しけ》続きで海路輸送ができなかった。

その荒海に五百石積みの明神丸で乗り出して二日後に江戸へミカンを届けて男と名を上げた。江戸では十一月八日におこなわれる年中行事の鞴祭《ふいごまつり》にミカンを配るので、それまでにどうしても必要だったのだ。

これは有名な出世物語だが、文左衛門がサメの腹中から金を得ていたということは初耳だ。しかし、露伴はそう書いている。

古い本で調べてみると、文吉と呼ばれていた少年時代のことである。熊野灘にサメが現れて

「海中の鱗介ことごとくその食ふ所となるなり」ということで、漁師は漁ができずに困っていた。文吉は木で人形を作って毒を含ませ、それをサメにうまく食わせた。やがてサメは死んで海面に浮かび、その腹を切ると「肚中巨嚢《とちゆうきよのう》あり、ひらいてこれを検ずれば黄金千両を得たり」。国主はその金を文吉に褒美として渡し、文吉はそれで窮民を救ったという。

文左衛門はミカンや材木で巨利を得る前に、サメを相手にして大金を得ていたのだった。

余談だが、サメの生肉はアンモニア分を含むので腐りにくい。冬場には一カ月ほどの保存がきいた。そのため、昔は山奥の村まで運ばれて刺身として賞味されていた。カマボコの材料にされたのも肉が腐りにくかったからである。

一石二鳥の立ち込み釣り

江戸時代のキスの釣りには「立ち込み釣り」という方法があった。

釣り人は高さが二、三尺（六〇－九〇センチ）もある踏み台のような履物を足につけて遠浅の洲が広がる江戸湾でキスを狙った。

図版の人物は、この立ち込み釣りに出かけるところである。竿尻に肘当てのついた釣竿と三つ叉のヤスを肩にかつぎ、そこに台のついた下駄のような履物をぶら下げている。頭にかぶっているのは竹の子の皮で作った日除け用の竹の子笠だ。

もう少し深い所に行くと彼は、台付きの高下駄をはいて海中を進みながら釣り場を求めて移動する。そのときには、転ばないように杖をつく。ヤスが杖の代用なのだ。

ヤスを杖にする理由は、喜多村節信《ときのぶ》（一七八三－一八五六）の『嬉遊笑覧《きゅうしょうらん》』という書物に載っている。「鼠頭魚《きす》釣に立ち込みとて高き履《はきもの》をはき、杖を突て水中に入て釣ことあり。その杖に用る竹の先は、鉄の二股のやすなり。砂に立る為にしたるものなり。これにておもはず魚も突得たる事有しより広く行はれて魚突ためにやすの股を多くし、三股に作り、形も大にして終《つい》に六股七股に及べり」

江戸湾にいかに魚が多かったか想像がつくだろう。釣り場に到着するまでに砂底に隠れているカレイやコチなどを偶然、突き刺すことがあったのだ。

最初は釣っている間、砂底に立てた杖が倒れにくくするために、杖の先に二叉の金具をつけていたのだが、後には魚を刺すための専用のヤスに変えたのだ。

このほかにも釣り場に行くまでの工夫があった。

釣り人は浅瀬を裸足《はだし》で歩かずに「かすがひにて作り

キスの立ち込み釣りに向かう釣り人。『釣魚秘傳集』より

たる、かなわらじ（金草鞋）といふものはく」ことがあった。草鞋の裏底に先の尖った鎹《かすがい》をつけていたので、しばしばカレイなどを踏み刺した。目指す釣り場に到着するまでに釣り人のビクにはキス以外の獲物が何尾も入っていたのだから面白い。

立ち込み下駄に乗った釣り人は、岸を遠くに見る洲の中で長い釣竿から糸を垂れた。長竿だが、その手元の端には肘《ひじ》当てがついており、竿の重みを肘で支えられるので疲れない。

神経質なアオギスは舟の影と波が舟に当たる音を嫌ったが、海と釣り人が一体化する立ち込み釣りではそれが防げた。

良いことずくめのような立ち込み釣りだが、注意しなければならないことが、ひとつあった。それはアカエイへの対応だ。

「赤ゑいは尾の針にて足をきらるゝことあり。さなくとも大なるを踏ときは、彼《かの》かすがひのわらぢにては魚驚て人をはね返す。やすにて突ても手をはなたざれば、穂先ねぢきるなり」

アカエイの棘《とげ》には強い毒があるので、脛《すね》を傷つけられるとひどい目に遭ったのだ。

海中の台に座って脚立釣り

「脚立《きやたつ》釣り」も「立ち込み釣り」とならんで江戸時代から始まったキス釣りの方法である。

脚立釣りでは、植木職人が使うような二つ折りの脚立を浅い海中に立て、その上にまたがって竿を出し、潮の流れとともにやってくるアオギスを釣った。

アオギスはシロギスより魚体が大きいが、神経質であるうえに警戒心も強いので舟からは釣りにくい。

舟の大きな影が海底に落ち、舟板に寄せる小波の音が響くからである。

脚立釣りの客は船頭の漕ぐ舟に乗って朝早く江戸湾に出た。舟は品川沖や中川沖に向かうことが多かった。そこには隅田川や中川の流れが運んだ土砂が積もり、広大な洲が発達していたからである。

釣り場に着くと船頭は舟に積んでいた脚立を海に下ろしてしっかり立てる。最初の客が脚立にまたがる。脚立に腰を下ろした釣り人に釣竿を手渡すのは次の釣り人の役割だ。

船頭は舟を漕いで場所を移し、

一曜斎国輝「品川沖蒸気船鉄道遠望」

そこに次の脚立を下ろす。釣竿を渡すのはやはりその次の釣り人だ。こうして順番に脚立を立て終わると、船頭は少し離れて全体が見渡せる所に舟をとめ、莨《たばこ》を吸いながら様子を眺める。

脚立釣りには、特有の約束事があった。釣り人はアオギスが釣れるまで、魚籠《びく》を下ろしてはならないのだ。

脚立釣りで使われる魚籠は糸を編んだもので、二メートルほどの長さがある。それが降りているかどうかは離れた場所にいる船頭からもはっきり見える。なかなか魚籠が降りないと、その脚立の場所はアオギスの通り道から外れていることになるわけだ。

船頭は舟を漕ぎ寄せ、その客と脚立を乗せて別の場所に移動して再び脚立を立て直す。広い海の上では声が届かないので、そのための信号代わりに魚籠を利用したのである。

ところで、脚立釣りと立ち込み釣りは、どちらが先に始まったものだろう。文化二年（一八〇五）再板とある『江戸《えど》海川録《かいせんろく》』という釣りの書物には、立ち込み釣りに使う「立込下駄」と「やす杖」の図が載っているが、脚立釣りのことは何も書かれていない。

その後に執筆された『釣客伝《ちょうかくでん》』という書物には、江戸湾で立ち込み釣りと脚立釣りをする釣り人の姿が描かれている。文政年間（一八一八－三一）と、それに続く天保年間（一八三一－四四）が『釣客伝』の時代である。同時発生的なものかもしれないが、立ち込み釣りの方が少し早く現れた可能性もあるだろう。

ちなみに十八世紀のヨーロッパにも脚立釣りの一種があった。海中に置かれた縁台のような台の上から釣るのだが、そこまでは舟でなく、人の肩車でかつがれて行くのだった。

図版の浮世絵は明治初期の品川の海を描いたものだが、脚立釣りに混じって立ち込み釣りの姿も見える。

芭蕉の食したふぐ汁は

しんしんと雪の降る日、江戸時代の人々は、湯気の立つ鍋をかこんだ。中にはいっているのは、フグである。松尾芭蕉も食べている。

「あら何ともなやきのふは過ぎてふくと汁」は、芭蕉の有名なフグの句だ。きのうの夜、心配しながらフグ汁を食べたが、何事もなくさわやかに目が覚めた――という句意である。

この「ふくと汁」を「フグと汁」と思う人がいるかもしれないが、少し違う。ふくと汁を漢字で書くと「河豚魚汁」で「ふくとう汁」とも呼ばれていたという。

江戸時代の書物には「河豚。京江戸ともに、ふぐと呼ぶ。西国および四国にて、ふくとうと云ふ」と書かれている。「ふくとう」は、九州や四国地方での呼び名であったのだ。

江戸の初期に書かれた『料理物語』という書物には、芭蕉の食べた、ふくと汁のつくり方が載っている。

「ふくとう汁は、皮をはぎ、わた（内臓）をすて、血気のなきほどよくあらひ、切りてまづ、どぶ（濁り酒）につけてをく、下地は中味噌より少しうすくして、煮えたち候《そうろう》て、魚を入れ」とある。

フグ汁は、現代の粕汁のようなものだったのだ。

この句がつくられたのは、元禄より少し前の延宝五年（一六七七）で芭蕉、三十四歳。江戸俳壇でデビューしかけたころであり、後年の閑寂な句境とは異なって、滑稽味のある作品だ。芭蕉は伊賀国の出身。俳諧で身を立てる前は、故郷の大名・藤堂家の料理人だったという説もある。「あら何ともなや」と詠んだフグ汁は、おそらく自分の手料理なのだろう。

フグでの中毒死は、しばしばあった。江戸の庶民がフグを「鉄砲」の名で呼んだのは、そのためだ。

「あたれば、即ち命を失ふとの意なるべし」と説明されているが、めったに当たらないから鉄砲とする説や、逆によく当たるから鉄砲とする説もある。

鍋料理の「てっちり」も薄造りの「てっさ」も鉄砲の「てつ」に由来する命名だ。

江戸の人々のフグ毒の知識は、かなりあやふやなものだった。たとえば、フグを煮ている鍋の中に天井から煤《すす》が落ちると毒化するということが広く信じられていたほどである。

フグの種類の識別も不確かだった。当時の文献にはこんな記述もある。「およそ海人《あまびと》、河豚類を獲れば即大小を撰《えら》ばず皆海浜沙上に投ずるに、その首、北に向ふものあれば大毒ありといふ。乃《すなわ》ち呼びて、北まくらと名づく」

毒フグは磁石の針ではないのだから、砂浜に投げても頭が北を向くはずもない。それにキタマクラには、名前の不気味さ（死者は頭を北向きにして寝かせる）に反して、それほど強い毒はないのである。煤や頭の向きを頼りにすれば命がたくさん必要だ。

ちなみに、与謝蕪村もフグ汁で数句を詠んでいる。

「ふく汁の我活きて居る寝覚哉《かな》」。これは芭蕉の句のアレンジであろう。「逢はぬ恋おもひ切る夜やふくと汁」という句も蕪村作。こちらは、切実で笑ってはいられない。

ふぐ鍋賞味は庶民の特権

春の雪が屋根にも路地の南天にも、綿をかぶせたように白く厚く積もっている。

裏長屋の小部屋の櫓炬燵《やぐらごたつ》には職人の夫婦が差し向かい。脇には七輪が置かれて、鍋から温かい湯気が上がっている。熱燗をつけた徳利を女房が白い手で亭主の盃に差し伸べる。今度は亭主が女房に注ぎ返す。

ぐいと飲んで、ああ美味い。そして、鍋の味覚が素晴らしい。小鉢に取り分けた白い肉を箸でつまんで口中へ。ほっこり崩れて、この世の極楽だ。

「大名はいやだなかかあ雪の夜」――。

実感のこもったこの江戸川柳は、こうした夫婦の会話を詠んだものだろう。二人がつついているのはフグの鍋。

大名はフグを食べられなかった。命を落とすと、お家の大事にかかわるからである。お付きの家臣が禁止してしまう。これを気楽に食べられるのは、庶民の特権なのである。

大名や将軍だけでなく、一般の武士もフグを食べることは慎まなければならなかった。しかし、時代が下るにつれて武士たちの自制心も、次々と味覚の誘惑に負けていった。

そのあたりの事情が、小石川養生所の内科医だった小川顕道（一七三七－一八一六）の『塵塚《ちりづか》談《だん》』の中で次のように述べられている。

「河豚《ふぐ》、鰶魚《このしろ》、われら若年の頃は、武家は決して食せざりしものなり。鰶魚はこの城を食うという響きを忌みてなり。河豚は毒魚をおそれてなり。（中略）近歳は、二魚とも士人も、もてはやし食うゆえに河豚は上市《はしり》、一隻二百銅三百銅にして、賤民の口へは思いもよらず」。一隻は一尾のことである。

これが書かれたのは文化十一年（一八一四）、顕道七十八歳のときである。

江戸時代の後期になると、武士もフグを食べるようになってはいたのだが、中毒死が公になれば、家の廃絶という厳しい処分が待っていた。主君のために捨てるべき命を食い気のために失うのは、不心得の極みであったのだ。

武士たちはフグを食するに際して注意を払った。しかし、それでも、しばしば当たった。中毒したときには、どうしたか。いろいろな解毒法が伝えられていたが、究極の解毒剤は「人糞」である。

肥前六万石の平戸藩主であった松浦《まつら》静山《せいざん》（一七六〇－一八四一）が身辺での事件や見聞きした出来事を記録した『甲子夜話《かっしやわ》』には、そうした話が載っている。

「先年、予《よ》が領内、三人寄り合ひ、河豚を食し、皆毒に中《あた》り煩悶昏乱す。一人曰《いわく》、糞汁を飲まば生きん。二人曰、たとひ死すとも不浄の物、食ふべからずとて、目を閉じて見ず。ともに死せり」

糞汁を拒んだ二人は死に、飲んだ一人は、助かったが、周囲から「糞喰」と呼ばれて疎外された。そうして「ついに他邦に去る」ことになったということだ。

ふぐの人気で死神多忙

江戸時代の人々は、寒い季節にフグを好んで食べていた。体が温まると言って粕汁風のフグ料理を夫婦や仲間同士で囲んでいたようだ。『和漢三才図会《ずえ》』という当時の図説百科事典にも「冬月《とうげつ》争い喫《く》ふなり」と、フグの人気の高さが紹介されている。

フグ毒の詳しい知識を持たないまま、素人が自ら包丁を手にしたので、中毒死もしばしばあった。『和漢三才図会』には「これを食ひて挙家《いえをあげて》皆死する者、予《よ》またこれを見る」と書かれている。一家全員死亡という例もめずらしくはなかったようである。

正長軒宗雪という武士が安永五年（一七七六）ごろに筆をとった『吾妻《あづま》みやげ』にも、そうしたフグ中毒の一例が記録されている。

「正月初頃、神田小柳町伊勢や平八と申者、年来ふくを好み、毎度手料理いたし給候《あたえそうろう》ゆへ妻子迄《まで》もたべ覚、毎度家内相揃《あいそろひ》たべ候よし。此頃も鰒《ふぐ》を調《ととのへ》手料理いたし、我妻子打寄給候処《ところ》、膳を片付《かたづけ》不申内《もうさざるうち》、四人とも一度に吐血いたし相果《あいはて》候由《よし》」

伊勢屋平八は、昔からフグが好物。自分で料理して食べていたが、家族もその味を覚え、一家で食べるようになっていた。先日も普段のようにフグを食べたところ、お膳を片付け終わらないうちに、血を吐いて一家全員が死んでしまったという意味だ。

この『吾妻みやげ』には、たわむれに女性を魚にたとえた記述もある。

「女房は鰹節のごとし。さして味ひなけれと飽かず」――に続いて「人の女房」が登場する。

「人の女房は鰒のごとし。好味なれども命あやうし」――ということだ。

武士の場合は、女敵討《めがたきうち》で相手に斬られる危険があった。

俳句や川柳にもフグは多く登場する。与謝蕪村も中毒死を句にしている。

「河豚《ふぐ》喰へと乳母《うば》は育てぬ恨哉《うらみかな》」。この句からは、フグを食べて死んだ大店の若旦那の体にとりすがって悲嘆の涙にくれる乳母の姿が浮かぶ。

川柳では食べる側と売る側、双方のおっかなびっくりの心理が句になった。

「あたったら鰒売り首をくれるはず」「昨日の鰒売り忌中札見てびくり」

怖い句もある。「鰒を呼ぶ声に死神立ちどまり」

フグ売りは、盤台に入れた魚を天秤棒で担いで町を歩いた。それを誰かが家の中から呼び止めた。その声が運悪く死に神の耳に聞こえてしまったのだ。

フグ釣りも川柳の題材になっている。「鰒を釣る船の向ふが鉄砲洲」。鉄砲洲は江戸湾と隅田川の境の地名。ここは釣りの名所として有名でフグも釣れた。そのフグの異名が鉄砲（あたると命を落とす）なので、笑いを誘う句なのだ。

俳句に詠まれた若鮎、小鮎

アユは、英語、フランス語、ドイツ語でも「ＡＹＵ」とつづられる。

江戸後期の文政六年（一八二三）に来日したドイツ人医師で博物学者のフォン・シーボルトが、帰国後に完成させた『日本動物誌』にＡＹＵとして掲載したことによって、日本語の名前がそのまま世界に広まった。

アユは、アユ科アユ属の魚で、分類学上一属一種。極東の島国で発見された、めずらしい魚であったのだ。

江戸時代の遊びの釣りでアユ釣りの記録はあまり見かけないが、北陸の加賀藩では、武士にのみアユ釣りが許されていたという。城下を流れる犀川《さいかわ》などが藩士の釣り場であった。絵師、福島秀川（一八〇四―八〇）による「金沢城下図屏風」には、長い竿を手にして川の中で釣りをする五人連れの姿や、釣竿をかついで川端の道を歩く二人の武士の姿が描かれている。絵巻仕立ての「浅野川四季風景図」（十九世紀）にも川の流れに立ち込んで、長い竿を用いて釣りをする七人の姿などがある。

この絵巻の別の箇所には、河原に立って短めの竿を使う二人の釣り人がいる。その竿の長さと釣り人の姿勢から判断すると、二人は金沢地方独特の掛け釣りであるアユのテンカラ釣りをしているようだ。

アユは、俳句に多く詠まれている。小《こ》鮎《あゆ》と若鮎は春の季語で、鮎――とだけあれば夏の季語。江戸時代の小鮎や若鮎の句を紹介してみよう。

「かげろふ（陽炎）と共にちらつく小鮎哉《かな》」「清瀧や夕月かけて小鮎飛」「若鮎の鰭《ひれ》ふりのぼる朝日哉」

「鮎の子の流れのぼるや朝月夜」「若鮎や川瀬に雨の降るがごと」「朝日影水に矢を射る小鮎哉」。前年の晩秋に川の中・下流域で卵からかえった仔魚は、海に下って冬を過ごして成長し、春の訪れとともに河口から川の流れをさかのぼる。

「若鮎や鍬先《くわさき》洗ふ瀬にさかのぼり」

六センチ前後の銀色にきらめくその姿は、生命の躍動そのものだ。

「石の上もはしるは鮎のわかげかな」「をどりはねあがるや鮎の若盛り」「若鮎の浅瀬を越ゆる光哉」「瀧壺に命うちこむ小鮎哉」「石河をこそくり登る小鮎哉」

こうした活発なアユを捕まえるのは難しい。「若鮎の小太刀遣《つか》ふて逃げにけり」「小鮎くむ人こそ手きき心きき」「待つ纚《さで》の手をぬけて行く小鮎哉」

くむというのは、網ですくい取ること、纚は、二本の竹を交叉させて三角状にし、これに網を張ったすくい網のことである。

首尾よく得たアユの句もある。

「杉の葉にぬれ色こぼす小鮎哉」「いそげ使此《こ》の若鮎のぬれしまま」

人もアユも活きがよい。初夏の光が満ちている。

鮎の釣り技の二大革新

江戸では、十年間にわたって九十九箇所の大名屋敷や旗本屋敷を荒らし回り、三千余両を盗んだ鼠小僧次郎吉がお縄になった天保三年（一八三二）――。

現在の静岡県田方郡に位置する狩野川流域の村々の代表が代官所に一通の書面を差し出した。

そこには「友釣りと唱へ候《そうろう》新規の釣り漁つかまつり……」と書かれている。

新しく登場した友釣りをおこなう者が増え、それによって、梁《やな》で捕る従来のアユ漁が圧迫されて困っているので、友釣りを禁止してもらいたい、と願い出た記録である。

「新規の釣り漁」と書かれているので、静岡方面では、このころから友釣りがおこなわれるようになったと考えられる。

おそらく友釣りは、一八二〇年代あたりに発明された技術であろう。発祥の地は不明だが、狩野川をはじめ、各地の河川に広まっていったのだ。

海から川の中流域に上ってきたアユは、初夏を迎えると川底の石に付着したケイ藻やラン藻などの石垢《いしあか》を食べ始める。その餌の確保のために川の中になわばりを形成し、他所から入ってきたアユを体当たりで追い払う。

友釣りは、アユの生態と行動に着目して編み出された、世界に例のない独創的な釣りなのだ。

現代、アユ釣りといえば大部分が友釣りだが、それ以前は、毛鉤《けばり》釣りだった。第二次世界大戦以前では、毛鉤を使うドブ釣りが主流だったのだ。

ちなみに、ドブというのは、川の深みや淵を指す言葉だ。濁ったり汚れたりしていたわけではない。

戦前においてはドブ釣りが優位だったが、昭和三十年代の半ばには逆転し、友釣りが盛んになっている。とくに関東において友釣り人気が高かった。

この変化をもたらしたのは、河川の変貌だった。戦後のダム建設で、ドブ釣りに適したポイントが各地の川で消えてしまったということだ。

友釣りに先行したアユの毛鉤釣りの記録は、元禄十年（一六九七）の『本朝食鑑』まで遡れる。「蝿頭《はいがしら》」と呼ばれた毛鉤と、アユと釣りについて書かれている。

「性、常に沙《すな》および石垢を食うゆえに餌はなく、釣ることあたわず。ただ蝿を喜ぶゆえに遠州大井川の辺りの漁俗（漁師）、馬の尾をもって蝿頭を造り、綸《いと》を着けてしきりに之を釣る。妙手にあらざれば、すなわち釣ることあたわず、手熟する者少なし」とある。この書きぶりだと、毛鉤によるアユ釣りは、江戸時代の前期に始まったものだろう。

『古事記』などには、神功皇后が現在の佐賀県唐津市を流れる玉島川のほとりで食事をした際に、ご飯粒でアユを釣ったと書かれている。本来、アユは餌釣りが困難だ。だから神秘性が増したのだろう。

毛鉤釣りと友釣りは、アユを釣りの対象魚に変えた、江戸の釣りの技術革新であったのだ。

鯰と鮎の不思議な関係

俳句には「梅雨鯰《つゆなまず》」という季語がある。江戸時代の人は、さかんにナマズも釣っていた。

黒田五柳の書いた『釣客伝《ちょうかくでん》』にも、その釣り方が述べられている。

「鯰釣りは、昔よりの釣り方。竿多く用ひ、竿は一丈二間半位迄、竿先丈夫」とある。

長さは三メートルから四・五メートルまでで、穂先の丈夫な竿を使う。数本を置き竿にしたようだ。

「糸も同、浮瓢簞《ひょうたん》を用ひ、この釣り日暮れの釣り故《ゆえ》、大浮を用ふ」

釣糸も丈夫なものにする。夕暮れ時に釣るので浮子《うき》には見やすいヒョウタンを利用したということだ。餌にはドバミミズなどを使い、雨上がりや水の濁っているときがよかった。

カエルを餌にする別の釣り方もあった。

「鯰釣り、俗にぽかんぽかんと云ふ釣り有り。竿一本、二間半位、細き竹」。変わった名前の釣りだ。

さて、その釣り方はどのようなものだろう。

「釣り方は打ち込み、竿先にて蛙《かえる》飛び込む様になすべし」とある。ぽかんぽかんは、ぼちゃんぼちゃんに近い語感であろう。

仕掛けの絵を見ると、道糸の長さは二尺（六〇センチ）と短くて、三匁（三号）ほどの錘《おもり》のすぐ下に大きな鉤《はり》がついている。小型のカエルを逆さにし、その後足を鉤に縛りつけるのだ。

水中のナマズから眺めると、カエルが頭から飛び込んでくるように見える。

「鯰、餌にはねつくとも、そのままためて居べし。その後、引き込む時、前へ引き合うべし」

この釣りも夕方から夜にかけておこなわれた。スズキが釣れることもあるという。「闇の夜ほど吉《よし》、昼にても水に濁りあらばよし」とされている。

この釣りには注意事項が二つある。ひとつは、水に落ちかねないので不案内な土地ではおこなわないこと、ふたつめは臭いに気を配ることである。なぜか――。

「野辺《のべ》にて麝香《じゃこう》の匂ひあらば、その辺りに反鼻《はんび》居るなり。心得《こころう》べし」。反鼻とはマムシのことなのだ。

草の生い茂る川辺を分けて夜の黒々とした水の中からぬらりとした大ナマズを釣り上げるのは、なかなか不気味なものである。四谷怪談の民谷《たみや》伊《い》右《え》衛門《もん》も日没にこれを釣っている。

ところで「鯰」という文字について。

これは日本で作られた和製漢字なのだ。ナマズ本来の漢字は「鮎」なのだが、日本では誤って清流にすむアユに、この字をあててしまった。困ったのは、ナマズである。字がないと表記のしようがないので、国字があてがわれた。

鮎の音読みは「粘」のネン。そこでナマズは魚偏に念の字を添えてもらい、音読みを合わせて体裁を整えたというわけだ。

室町時代の如拙《じょせつ》が描いた水墨画「瓢鮎図《ひょうねんず》」は、ヒョウタンでナマズを押さえながらも鮎の字を使っている。これはそれで正しいのだ。

【第6章】

幕末の釣り

黒船が訪れて日本に開国を迫った幕末期。尊皇攘夷と倒幕運動の嵐が吹き荒れる中でも釣り好きの武士たちは、意に介することなく魚との勝負に熱中し続けた。釣武両道の強者たちの面目躍如。東北の庄内藩士にも幕府の下級武士にも筋金入りの魚釣り侍がいたのである。

外国人を驚かせた釣り堀

東京タワーから南西に二キロほどのところに位置する港区南麻布の光林寺には元禄ごろの古く大きな墓石に混じって万延元年（一八六一）に他界したオランダ人青年通訳ヘンリー・ヒュースケンの墓がある。

ヒュースケンは、その年の十二月五日夜、馬で近くのアメリカ公使館に戻る途中を尊攘派の浪士に襲われて斬殺されたのだが、この事件の少し前に彼は江戸の釣り堀を見学している。

日本との通商を求めて来日したプロイセンの使節団長オイレンブルク伯爵を案内して行ったのだ。伯爵はその釣り堀の光景が

『オイレンブルク遠征図録』の江戸の釣り堀（部分）

よほど印象的だったらしい。様子を詳しく記録している。

「庭には大小の池が掘られていて、客は煙管《きせる》で煙草をふかしたり茶を飲みながらも真剣に魚を釣っていた。外国人の一行がそばを通っても熱中していてほとんど気にしなかった」と驚いている。

半日釣りをして魚を持ち帰る場合の代金は、魚種や数によって「天保銭一枚から十枚」。千円から一万円の見当だ。

オイレンブルク伯爵は、ヨーロッパの首府でも釣り堀を開設してみるのはどうだろう、と感想を述べている。

幕末に活躍した人物には忙中に釣りを楽しんだ大物がいる。その一人が坂本龍馬。ヒュースケンの死から五年後の慶応二年（一八六六）三月、九州の塩浸温泉に妻のお龍を伴い、釣りをした。「谷川の流にてうおつり、短筒（ピストヲル）をもちて鳥をうちなど、まことにおもしろかりし」と、土佐にいた姉の乙女に手紙を書いて知らせている。

龍馬とお龍のこの旅は日本で初めての新婚旅行。刀傷の療治を兼ねていた。それを勧めたのは薩摩の西郷隆盛だったのだ。龍馬が京都河原町の近江屋で暗殺されたのは、その一年後のことだった。

龍馬を鹿児島に招いた西郷も釣りの名人だった。政策の意見対立で藩主島津久光の怒りに触れた彼は、文久二年（一八六二）八月から一年半にわたって沖永良部島に流され、「座牢」に幽閉されていた。その獄中の身の西郷から島の責任者にイカが贈られたのだ。

どうしてイカを手に入れたのか。島長《しまおさ》が牢を訪ねると西郷は笑いながら言った。

「余《よ》は座して魚を釣るの方法を案出し、昨夜、此の秘伝を応用したるに果たして漁猟あり。牢中の烏賊《いか》釣りも亦《また》面白からずや」

じつは牢番に頼んで「甘木」の木片を入手した西郷は「魚形様のものを製作」していたのだ。イカ釣り用の餌木《えぎ》である。

実際には面会に訪れた知人に自製の餌木を渡して釣らせたのだが、当時の沖永良部島には餌木によるイカ釣りの漁法がなかったので、なおさら人々を驚かせたということだ。

俳句を好んだ新選組副長の土方歳三には「玉川に鮎釣り来るやひかん（彼岸）かな」という作がある。京都に出発する直前の文久三年の正月に清書した句の一つである。

将軍主催の幕閣釣り大会

江戸時代の侍は好んで釣りを楽しんだ。では武家の棟梁といわれた将軍は、どうだったのだろう。

釣り好きの将軍を紹介する前に、触れておかなければならないのが五代将軍綱吉だ。独りよがりの生類憐みの令で士民を苦しめた綱吉は、元禄六年（一六九三）八月に「釣魚釣船禁制」のお触れを出している。これを無視して捕らえられた幕臣や島流しになったり獄死した有名人もいた。

この禁止令は綱吉が麻疹《はしか》で急死する宝永六年（一七〇九）の一月まで続いた。江戸の人々は、十五年半もの間、釣りができなかったわけである。

こうした困った将軍がいた反面、釣り大会を主催した素晴らしい将軍たちもいる。十一代将軍の徳川家斉《いえなり》は、天保五年（一八三四）五月十三日、将軍家別邸の浜御殿へ出かけたとき、供まわりの者たちに「中嶋の

「千代田之御表浜御成」（部分）。将軍の釣りを描いた

向ひにて釣たれよ」と言っている。海に面した浜御殿には海水を引き入れた大きな潮入りの池があり、中嶋はそこに浮かぶ島だった。

同年八月二十三日にも寺社奉行、町奉行、勘定奉行や大目付など約二十人の重職者が、家斉から浜御殿での釣りに招かれている。

魚が釣れると脇に控える接待役が鉤《はり》を外して魚籠《びく》に入れてくれる。「誰は何を釣たりと其たびたびに御小《おこ》納戸《なんど》の衆、今日の役にて注進し、和田某は魚の数を書き付け走りまはり居たり」という賑やかさだった。将軍への報告係や記録係もいたわけだ。

この日の釣果は「寺社奉行筆頭脇坂中務、魚二十ばかり。林大学は魚十七八釣得たり。その他もまた多少あれども釣得ざる者はなし。堀田相模二十六釣しを、その日の第一となす」というものだった。お歴々はウキ釣りで、ボラやその仲間のメナダの若魚などを釣っている。

幕閣慰労の大規模な釣り大会は、十二代将軍家慶《いえよし》によっても三年後の天保八年（一八三七）八月三日に浜御殿で開かれている。

ちなみに、浜御殿の大改修は綱吉によっておこなわれたものなので歴史は皮肉に満ちている。

家慶は自分自身も釣りをした。天保十一年六月には隅田川のほとりの釣り堀に出かけ、その七日後には浜御殿の池で釣りを楽しんでいるし、二年後の同十三年にも浜御殿で五月と七月に釣糸を垂れている。

それにしても主な獲物がボラの類であったとは、将軍や幕閣の釣りは、意外につましい。

最後の十五代将軍徳川慶喜《よしのぶ》（一八三七－一九一三）は、幕府崩壊後、静岡でクロダイ釣りに夢中になった。彼の道具は今も残されている。

「釣武両道」の庄内藩士

江戸時代の武士は釣りを愛したが、中でも群を抜いていたのが東北の庄内藩士達だった。彼らは鶴岡の城下から片道四里（一六キロ）の道のりをものともせず非番の日ごとに、夜明け前から竿を担いで日本海での磯釣りに通った。

釣り師とあれば、竿に凝る。彼らは「名竿《めいかん》は名刀より得難し」と言いながら、より強くより感度に優れた釣竿を求め続けたのだった。

藩士が愛でた竿は、この地方に自生する苦《にが》竹や釣瓶《つるべ》竹で作られた庄内竿である。細身で堅牢、長さは四間（約七メートル）もある磯釣り用の延べ竿だ。

一切の装飾性を排し、用の美に徹したこの竿は竹の生肌を磨き上げただけの質実剛健なものである。彼らが手にする釣竿には武士の魂である刀剣にもまさるとも劣らない価値がある。その竿を使う釣りはもはや遊びではなく、武術の試合にも等しいものだった。そのため、獲物や釣果は「勝負」と呼ばれた。

「今日の勝負は、いかがでござった？」
「紅鯛（マダイ）に天口《てんこ》（メバル類）でござる」などと会話していたようである。

ここまで釣り熱が高まったのはなぜなのか。一説には庄内藩主の酒井侯が釣りを奨励したと言われているが、そうした記録は何もない。それどころか残っているのは、磯釣りの最中に海に落ちて死んだ藩士の家族をきつく叱って禄高削減を告げている文書なのだ。

荒れ模様の危険な状況にもかかわらず、釣りなどをしてこのような事態を招いたのは自覚不足が原因だ、と怒っている。こうした史料から推測すると、藩主は特に釣りを奨励したわけではないようだ。釣りの面白さに目覚めた家臣達が武術の鍛錬にこじつけて夢中になっているのを黙認していたというのが実状らしい。

ともあれ、庄内藩で釣りが熱気を帯び始めたのは、安永・天明年間（一七七二－八九）のことである。スタートは江戸の旗本や御家人に比べると遅かったが、その熱気は幕末の混乱期にも冷めなかったのだ。

藩の寺社奉行などを務めた陶山《すやま》七平は、庄内の釣りの全貌を今日につたえる『垂釣筌《すいちょうせん》』という書物を文久三年（一八六三）に完成させている。一方、江戸の深川ではこの年に青年藩士の氏家直綱が一尺一寸八分（三五センチ）の「剛鯛」を釣り、そのクロダイの魚拓を国元の庄内に届けている。

当節は幕末の京都で活躍した新選組がブームだが、その兄弟分の新徴組は江戸に置かれ、庄内藩がその支配にあたった。氏家直綱は江戸市中の治安維持のために国元から派遣された一員であったらしい。

ちなみに芥川龍之介の叔父は剣客だったが、江戸の本所で釣りをしている最中に新徴組隊士に刀の鞘当てをされ、一触即発の体験をしている。釣り好きの武士は、こうした時代にも釣竿を手放すことはなかったのだ。

庄内藩士は新政府軍を相手に戦った戊辰戦争で連戦連勝を続けているからすごい。風雨にも負けず、荒磯で竿を構えた日々が心身の錬磨に役立ったのだ。庄内釣り武士道は本物だった。

手長海老と桜田門外の変

江戸の深川は、隅田川を隔てて千代田の城と向かい合う土地である。そして江戸湾に面している。徳川家康の江戸入りとともに大坂からやってきた深川八郎右衛門が、海辺の湿地を埋め立てて造成したことにちなむ土地の名であるという。

この深川の一画には、木場があった。全国から海路で集めた原木を大火事の後の再建用に備蓄しておく貯木場である。丸太は木場の掘割のような水路にならんで浮かべられていた。

徳川幕府の治世も末に近い文久年間（一八六一－六四）のころ、毎年四、五月ごろになると木場に姿を見せる青年武士がいた。

名は山本政恒《まさひろ》といい、幕府の御家人である。将軍の身辺警護を役目とする御徒《おかち》の士で七十俵五人扶持。幕臣だが、身分は軽い。懐のあまり暖かくない彼の趣味のひとつが魚釣りだった。

この日も下谷三枚橋通仲御徒町の屋敷から木場にやってきた政恒は、筏《いかだ》のように水に浮かぶ丸太の上に風呂敷を敷くと、胡座《あぐら》をかいて座り込む。

細長い布袋から、長さ三尺（九〇センチ）ほどの細くて短い竹の釣竿を次々取り出した。空はどんより曇っている。テナガエビには、こういう天気が適しているのだ。

彼は後に自伝の『政恒一代記』に書いた。「細竿え糸及び小なる重り、針を付け、餌はみみずを付け、材木を並べあるその隙間を見分、針を下ろし、五六本位竿を遣《つか》ひ、順に引上るか、又は引行を見て上る」

テナガエビは、魚のように合わせても鉤《はり》がかりしない。餌にしがみついているだけなのだ。竿を上げるのに急な動作は禁物。そろそろと持ち上げる。そうしないと途中で落ちてしまう。

「大きさ三寸（九センチ）位にて手の長き海老なれば釣りて面白し。又帰りて料理するも容易、鬼がら焼にすれば美味なり」と述べている。

彼はのんびり釣りをしているが、時代は風雲急を告げていた。政恒が二十歳の万延元年（一八六〇）三月三日――。

彼は西本丸番勤務のため、江戸城の玄関上座敷に麻裃《かみしも》を着して詰めていた。諸大名が登城してくる。巳《み》の刻（午前十時）には老中、若年寄も到着したが、大老井伊掃部頭《かもんのかみ》だけが姿を見せない。

「如何《いかが》哉と思ひおり候《そうろう》間もなく、殿中取沙汰にて掃部殿には桜田御門外にて浪士の為に首を奪れたる由《よし》なり」

桜田門外の変である。

「同日は時ならぬ大雪、如何なる事か実に驚たり」

政恒は一時間後に外に出たが、そのときには雪も止んで空には晴れ間ものぞいていた。広場には諸大名の供侍が控えていたが、全員が刀の柄袋《つかぶくろ》を外し、雨具も脱いでずぶ濡れである。

「右は事件にて俄《にわか》に脱したるものなるべし。気の毒に思ひ候」

井伊家の家来は、雪で刀が濡れるのをきらって柄袋をかけていたために、斬り合いで後れをとった。そのことを知った他の大名の家来衆も何かがあれば、すぐに戦える準備を整えたのだ。

事件当日の貴重な歴史的証言である。

さより網とすなめりの大群

江戸湾では、四月から五月にかけて「さより網」がおこなわれていた。山本政恒もこの網漁を楽しんでいる。

場所は「まいづ辺」ということだ。今のディズニーランドに近い三枚洲の略称か、それとも羽田空港寄りの前洲のなまった表現か。ともあれ、湾内のことなので舟に乗っての遊びである。

「網は、さよりの太さ程の目」と政恒は述べている。

竪《たて》二尺（六〇センチ）程・幅三間（五・四メートル）を一反と呼んだ。浮子《あば》は白木、沈子《いわ》は土焼物でできていた。

「この網を幾反も繋ぎ、水中へはき込み、浮樽を付け、目印」にしていた。海の中にテニスコートが漂うような浮き刺し網の一種である。

しばらく時間をおいてから舟を漕ぎ寄せ、回収にかかる。「網を手繰り込む。魚は網の目へ首を入れて上がり来るなり」という捕り方だ。

網を仕掛け、離れた所から眺めていると、網の目に銀色の魚体が刺さって、もがく様子が見えたという。「この漁は少しく風あり、波立つ方好しといふ」ということだったが、政恒が網に出た日は、べた凪《なぎ》だった。

「折悪しく快晴、静にして波たたず、四方見渡し畳を敷きたる如《ごと》し」

ところが、どうだ。不思議な現象が起きた。前方に突然、洲のようなものが出現したのである。「俄《にわか》に四五十間の洲の如きもの出来たる故、あやしみたり」

首を傾げる政恒に船頭が告げた。「日和能《よ》き故、すなめり背出したるなり」という答えだった。「すなめり」は、小型のイルカの仲間である。それにしてもすごい。四五十間というから直径八〇メートル前後の海面が、スナメリの大群によって埋め尽くされたのだ。これほどのスナメリが江戸湾にいたとは驚かされる。

青年武士の山本政恒が、さより網を楽しんでいた湾内には、すでに五つの人工島ができていた。ペリーの黒船来航にあわてた幕府が嘉永六年（一八五三）から翌年にかけて造った砲台のお台場だ。

政恒は舟に乗って沖まで出ているが、不安はなかった。御徒の侍の子は、七歳になると水泳訓練を始めていたからである。毎年、五月から八月まで隅田川での水稽古で鍛えられた。時代劇には登場しない光景だが、城外での将軍の身辺警護を任とする御徒の士にとって水泳は、必須科目であったのだ。成人しても非番の日はこの期間、必ず泳いだ。

『政恒一代記』には、武士の水泳訓練の手順が詳しく紹介されている。最初は板につかまってバタ足を覚え、次に犬かきのような、かっぱ泳ぎへと進む。それから横泳ぎを習い、川幅一丁半（一五〇メートル）の隅田川に挑む。これが「初越」だ。

さらに抜き手を覚え、立ち泳ぎを身につける。隊列を組んでの一糸乱れぬ泳ぎぶりも要求された。吾妻橋の上からの飛び込みや重い甲冑《かっちゅう》をつけての水泳もおこなった。遊んでばかりではなかったのだ。

さて、政恒のさより網の首尾――。「不漁なれども、大きなるさより七十本を得たり」ということだった。

微禄の幕臣、「けいず」を釣る

江戸のクロダイ釣りは、遊魚の中で粋なものとされていた。幕府の御徒《おかち》山本政恒も脈鈴を使う手釣りでこれを楽しんだ。

「かいづ釣。五六月、この釣は、釣船へ苫《とま》を以て日除をなし、乗合は二人を限る」

苫というのは茅《かや》などの草で作った屋根である。客は涼しく釣りができた。そのうえハゼ釣りなら十人ほどの客が乗り込むところだが、二人しか乗せないので、いたって静かなものである。

鉤素《はりす》には、天狗巣《てぐす》を数本つないで長さ二、三間（三・五–五・五メートル）にしたものを使った。道糸は車形の糸巻きに巻かれていて、鉤素とは小さな金属の環を介してつなぐ。

錘《おもり》は、頂上に針金製の糸穴がついた拍子木《ひょうしぎ》形のものを用いた。道糸をこの糸穴に通してから金属の小環に結ぶのだ。こうすることで、行ってこい式の仕掛けができる。

「餌は蟹《かに》の小なるを足の脇より背へかけ針を通す。又川海老は尾の下より背へ向け針を通す。何れも死なぬなり」。生かしたままでの餌つけだ。舟は川の下流に錨や太棹で停められている。

政恒は最初に鉤素の部分を水に入れ、次に錘の上の糸を持って遠くに投げ入れた。

道糸を十分に送り出し、錘が底に着くのを待ってから脈鈴を舟縁に刺して立てる。脈鈴は二叉の小枝のような形をしていて下端は錐《きり》状。上端には鈴がついている。

政恒はぴんと張った道糸を脈鈴の叉にはさんで止めた。「鈴を船の縁へ立て、糸を挟み、煙草をすい、鈴に心を付け、之を二た仕《し》懸《かけ》用ゆ」。そのかたわら、舟端からハゼ釣りの仕掛けも下ろしておく。

「魚、餌を食はんとすれば鈴なる。その時急ぎ糸を持、再びぐいと当るとき、一尺（三〇センチ）程引き合す」

彼は合わせの呼吸をこう述べている。次は取り込みだ。

「かかりたれば、糸を引張故《ゆえ》に静かに引寄せ、近寄れば手を水へ入れる様《よう》にして引寄せ、若《も》し強く引ゆけば、糸をゆるめぬ様に引かせ、又引き寄せ、魚を労《つか》らせ、重り迄寄せ来れば、重りを舟の内へ置、糸計《ばか》りになし、船近く引寄、魚見ゆれば静かに玉網を入れ掬《すく》ひ上るなり」

江戸っ子の政恒はクロダイを「けいず」と呼ぶ。「けいずは二歳以上に付、玉網を用ゆるも、当歳のちんちんけいずは直に上るなり。四歳以上を黒鯛と唱ふ」と書いている。

さて、彼の釣り上げた獲物は――。「五六寸の二歳一枚と、ちんけい三枚・鯊《はぜ》六尾を釣たり」ということだ。

山本政恒が江戸で釣りをしたのは、十代の後半からの十年間ほどだ。二十八歳のときの明治維新で身の上は急変するが、少年時代もそれにおとらず苦労が多かった。

下級幕臣の家の三男に生まれた政恒だが、五歳のときに病で父を失っている。そのため、十一歳で寺に奉公に出され、五年間住み込みで「朝は早く起き、夜は遅く寝《い》ね」という暮らしを続けた。十六歳で寺から戻れたのは本家の当主が若死にしたためだ。彼は本家の少女の婿養子となって、ようやく御徒の役職に就いたのだった。

夏の大川、涼み船

夏の大川には多くの納涼船が浮かんだ。隅田川の浅草より下流の部分が大川である。山本政恒は、その様子を記録している。

「涼み船は、多く屋根船へ酒肴《しゅこう》並び芸者等を連込み、大川を漕廻り、船の動きし内はチヤチヤラカチヤンチヤン、ふけよ川風、あがれよすだれ、なかのお客のかおみたや」と浮かれ気分だ。筆は続く。

鳥居清長「大川橋下の遊船」。釣りをして料理もしている

「船はギチコギチコと首尾の松、また御蔵下橋間等へ船を繫ぎ、酒食をなし涼み遊ぶ。また涼しき所へ船を寄せ、釣をするも有り、網船を雇ひ網を打たせ、その魚を料理て酒の肴《さかな》となす也《なり》」

「猪牙《ちょき》船の走る様、或は鷗《かもめ》の波に身を浮かべ遊ぶ様等、大ひに興あるもの也。暑さしらず特別の遊びなり」

幕府の崩壊まで余すところ十年という時点で、のんびりとした情景だ。

だが、こうした贅沢は、政恒と無縁のはずである。彼の俸禄は七十俵五人扶持。金額にすると約六十両の年収である。幕末のころの一両は四万円程度の価値なので、約二百五十万円という年収だ。これで一家を養うのだから暮らし向きは楽でなかった。下谷三枚橋通仲御徒町に二百坪の組屋敷をあたえられてはいるが、武士としての体面を保つには費用がかかる。

将軍の外出先での警護を主な任務とする御徒という身分は制度の建前上、その当人一代限りの抱え席なのだ。実際には親の跡を子が継いだが、町人などが御家人株を金で買って御徒となり、武士の身分を手に入れる道もあった。

だが、御徒の勤めは因習の塊そのものだった。仕事は先例に従うことが大原則なので古参の者にすべてを聞かなければならない。年齢は関係なく、出仕の順がものを言った。年下でも早く親の跡を継いだ方が威張るのだ。

こうした難しい勤めだが、政恒は同好の「堀江と云ふ人」と一緒に秋の「鯊縄《はぜなわ》漁」に出かけている。堀江は六百人を数えた御徒の士の一人。この人物が鯊縄を所持していたのだ。

二人はまだ暗いうちに、左衛門河岸の舟宿から釣舟に乗った。舟は神田川から大川（隅田川の下流域）に出てゆったりとした流れを下る。船頭は米をといで火をおこし、茶をいれたり、酒の燗《かん》をつけたりと忙しい。

一行は潮風の吹く永代橋の近くでハマグリのむき身と釣り餌のゴカイを買い求めた。ハマグリは政恒たちの食する汁用である。舟は間もなく江戸湾に出た。

「はや永代をこし、沖に出れば日は充分に昇り、海上見晴らし、酒もほどよく廻り、から汁にて炊立の飯を食す。朝寒の頃なれば食事美味に覚ゆ」と政恒は書いている。

元禄の俳人、宝井其角《きかく》の名句「ほのぼのと朝飯匂ふ根釣りかな」を彷彿させる情景だ。

客が朝飯を食べている間に船頭は、鯊縄の鉤《はり》に餌をつけていく。

この鯊縄というのは、長い幹糸に多数の枝鉤をつけた延縄《はえなわ》である。直径一尺二寸（三六センチ）、深さ一寸五分（四・五センチ）の浅い桶のような器の中に、長さ百間（一八〇メートル）の幹糸が丸く巻いて収められている。

枠と呼ばれるこの器の縁には藁縄《わらなわ》が縫いつけられていて、真鍮《しんちゅう》製のL字形の鉤が、そこに刺されているのだ。鉤の数は約八十本。長さ一尺五寸（四五センチ）の枝糸によって六尺（一・八メートル）間隔で幹糸に結ばれている。

船頭は舟を漕ぎながら、この鯊縄を海中に投入する。丸い枠の中から餌のついた鉤が規則正しく飛び出していく。政恒たちは、十枠の鯊縄を使ったので、総延長一八〇〇メートル。もつれると大変なので手際の良さが求められた。

入れ終わると今度は、これを上げていく。ハゼを外しながら鉤を枠の藁に順番に刺していく。全部収納すると幹糸と枝糸が投入前の形になるようにしなければならない。

この投入と手繰り上げを都合三回繰り返して「三寸余（約一〇センチ）の鯊二百五十尾程を得たり」という収穫だった。

屋敷に戻ると、仕掛けの糸は「かしはみの実」を煎じた液に浸ける。

そうして乾かしておくと、次の漁で糸の水切れがよくなり、撚《よ》りもかかりにくくなるということだ。「かしはみ」は「はしばみ」のことかもしれない。

政恒が釣りをしている間にも徳川幕府の土台は、急速に傾きつつあった。江戸の町を地震と大火が襲い、コロリ（コレラ）も流行した。

桜田門外の変、坂下門外の変と政権の中心人物が襲撃される中、文久二年（一八六二）、政恒たち六百人の御徒衆は、身分が格上げされて譜代席となった。それまでの当人一代限りの抱え席を脱し、子々孫々まで幕臣の身が約束されたのだ。しかし、二百六十年続いた幕府の終焉まであと五年——。

維新前夜の白魚網

美人の小指にたとえられるシラウオは、冬から春に網で捕られた。その様子は浮世絵などにも描かれているが、山本政恒も「白魚網」に挑戦している。

微禄の彼は、網の自製から始めている。「白魚網は、絹の生糸を以て一分（三ミリ）の目にて玉網の如くすき上げ」と書いている。

四角い網の枠は木でこしらえ、網を持ち上げる二本の竹は、伸び損ねた長さ九尺（二・七メートル）のものを用いるとしている。丈の低い竹は肉厚で丈夫であるという。「網は玉子の白みを引き乾かす」とある。水切れをよくするためだろう。

彼は中川で、この網を舟に載せて白魚を捕った。舟を流れの弱いところに停めておき、網の

一勇斎国芳の夜舟でかがり火を焚く白魚の網漁。女性の右手に下げた桶に白魚が

枠に取り付けた竹竿を押し下げることで、網を水中からすくい上げる。
舟縁を、てこの支点に使うのだが、力がいる。舟の底にむしろを敷いておき、その上に白魚を払い落とすのだ。

しかし、なかなか捕れなかった。「終日勉強して掬《すく》い、手も腰も労《つか》れたり。しかるに白魚は漸《ようや》く六十疋《ひき》ばかりなり」と徒労の一日を嘆いている。

政恒は、魚を捕るのに江戸湾の芝や高輪方面ではなく、隅田川をはさんで東側に位置する中川方面に足を運ぶことが多かった。春から夏にかけてコイを釣ったり、夏から秋にセイゴやボラをねらうときもそうだった。

中川で彼が払う舟代は百五十文（約千五百円）。それで一日、田舟を借りられた。火鉢や炭、土瓶なども頼むが、これはときどき百文を渡せば事足りた。釣竿や道具類は舟宿に預けておいて、手ぶらで出かけていたのである。

だが、この楽しみも慶応三年（一八六七）七月で終わる。政恒は銃隊取締役に任ぜられ京都に向けて出立したのだ。

御徒《おかち》組は前年末に銃隊と改名されており、彼の出張は、京都にいた将軍徳川慶喜の警護のためである。しかし、京都着任後、三ヵ月で驚くべきことが起きる。

大政奉還だ。朝廷に政権を返上した慶喜は、大坂城へ移ったので政恒の一隊も後に従う。だが、翌慶応四年正月に鳥羽伏見の戦いが勃発すると慶喜は戦うことなく側近だけを連れ、江戸に逃げ帰ってしまう。

置き去りにされた政恒らは、和歌山に南下し、ようやく便船を得て江戸に戻る。髪は乱れ、顔は垢で黒く、衣服も破れていたので人々からあやしまれたということだ。

五月には上野の彰義隊と官軍の間で戦闘が起きる。政恒の一族にも死傷者が出た。負傷した身内を官軍の探索から隠すのに一苦労している。

徳川家は七月に江戸から駿府《すんぷ》（静岡）に移された。政恒は新政府に仕えることをせず、無禄での駿府移住の道を選んだ。九月八日には、改元が決まり、一月一日にさかのぼって明治と変わった。

後に山本政恒は、この動乱の一年を回顧している。「御用にて旅行をなし、引続き静岡へ移転に付、預け置たる道具はそのまま失ひたり」

中川の舟宿に置いていた釣竿や網などをしきりに残念がっているのである。

旧幕臣、遠州灘で釣る

徳川幕府の瓦解後、幕臣の山本政恒の運命は、いかに――。気になるところなので、今少し彼の明治の人生を追ってみたい。

政恒は明治新政府に仕えることもできたが、二十八歳の彼はそれを断り、前将軍の徳川慶喜に従って静岡に移る道を選ぶ。だが、かつてのように徳川家からの俸禄はない。無禄移住だ。妻と三人の幼子をかかえていた彼には、暮らしの苦労が待っていた。

明治元年、政恒は徳川慶喜の護衛として静岡に単身赴任する。家族は東京の御徒町に残したままだ。しかし、その年のうちに再び東京に戻って天璋院《てんしょういん》の警護に当たるという変則的な勤めとなる。天璋院は若くして他界した十三代将軍家定夫人の篤姫《あつひめ》である。

天璋院は、元の紀州藩の屋敷に居住しており、緊張感はなかったようだ。政恒は勤務中に「メセキ網」をすいた。漢字で書けば目狭網だ。網目を細かく編んだ網のことだが、用途は投網のようである。編み上げた長さが七尺（二・一メートル）になったころ、警護の役目が終わった。混乱の世相のただ中にあっても、魚を捕る網をつくるところが彼らしい。

翌明治二年、政恒は東京の屋敷を売却し、家族ともども浜松に移る。ほどなく浜松県の捕亡吏に採用された。後の警察官にあたる職である。

浜松に落ち着くと東京から持参したメセキ網の仕上げにかかった。鉄砲玉の鉛をとかして網の錘《おもり》の沈子《いわ》を作り、糸には防腐と水切れをよくするための柿渋を塗って網を完成させた。

それを遠州灘に近い入江で試している。きれいに広がらない難点があるものの「折々ちんけい入りて面白し」。クロダイの子供が捕れたのだ。

その浅瀬には一尺（三〇センチ）ほどのコチが多くいて人の足音に驚いて逃げた跡には「こち

の形に砂へこみあり」ということだった。

罪人を網漁に連れて行ったこともある。「七月頃、懲役人を連れ、右の網を打たせたるに、打つ度ごとに三寸位のぎち、網の目に首を挿し、一網に四五十疋《ぴき》も掛かり、はなはだ面白し」

九センチほどの「ぎち」というのは、ヒイラギのことだろう。天日に干すと木の葉鰈《かれい》のようになって「好味鰈に劣らざるなり」と喜んでいる。

浜名湖の入江では大きなフナを釣った。「一尺余の鮒《ふな》二枚を得たり。形ち黒鯛のごとし。誠に珍しき獲物なり。よりて一尾は洗ひになし、一尾は濃漿《こくしよう》にして食し、美味に覚ゆ」と舌鼓を打っている。

太平洋にのぞむ遠州灘の海岸には砂山がならぶ。政恒はここでも釣りをした。夏の土用や盆のころには海が荒れることが多かった。

「その波の立つ時は、海真黒になり波高く、その音雷のごとくして一里余も響き聞こゆ。その時、二枚糸の先へ釣針・重り・餌を付、波の引くに任せ糸を出し山の上にて糸尻を持ち居る。黒鯛・赤ゑいなど大きな魚釣れるなり」

雄大な釣りである。全国の米相場師もこの波音を聞くために浜松宿にやってきていた。海が荒れる年は、嵐がないと言い伝えられていたからであるという。

明治に釣りした最後の将軍

浜松に移住した旧幕臣の山本政恒が網漁や釣りに出かけていたころ、明治新政府に恭順の意を示して静岡へ隠棲中の徳川慶喜も網漁に手を染めていた。慶喜は第十五代、徳川幕府最後の将軍だ。

明治五年（一八七二）から大正元年（一九一二）までの慶喜の日常生活を、側近の者が書きとめた『家扶《かふ》日記』には「清水港へ御網に被為入候《いりなされそうろう》」などといった記録が見える。「御網」とあるのは投網漁だ。

清水港に出かけた日数は、明治五年の四月が十五日、翌五月は十三日と非常に多い。清水港では投網だけでなく釣りもしていた。慶喜は、クロダイ釣りを好んだと伝えられている。

文豪で釣りを愛した幸田露伴は「慶喜公はけいづ釣を好まれ、明治の長い歳月を公は駿河湾での釣の糸の細く撓《しな》やかに送られたのであった」と述べている。

「けいづ」は、クロダイのことで、普通は「かいづ」と呼ばれる。こうした慶喜のクロダイ釣りは、大正八年の「釣の趣味」誌上に「徳川慶喜公の釣」という短い文章で紹介されている。

「徳川慶喜公が、静岡に謹慎中、度々釣魚《つりうお》に出でられ、浜名湖の茂兵衛といふ老船頭を相手に、かいづ釣を好まれた、この茂兵衛は、公より拝領した浮子《うき》抔《など》を後年まで所有して居《お》つた。

この茂兵衛は『公とかいづ釣に出れば、旦那はお釣りになるから善いが、私は、どろ揉《もみ》ばかりさせられて釣ることは出来なかつた』と言ふて居《い》た。

泥もみとは竹笊《ざる》に泥土を入れおき、之を船外の水に漬け、手でかき廻し、泥濁りを下流に流すのである、すべてかいづは、朝立ち夕立ちなどで、水面に雨を承《う》けたる時は、よく餌つけども、川上の雨の為めに水の増すは好まず又、風其《その》他の為に、一部分に濁りを生ずるを好む、故に泥もみをやれば其濁り筋をたよつて上つて来るので、大《おおい》に釣れるのである」

慶喜はクロダイが水の濁りを好む性質を利用して、釣舟の近くにクロダイを寄せて釣るために、船頭に泥を流す役を命じていたのだ。

　静岡で約三十年間暮らした後、還暦を迎えて明治三十年（一八九七）の秋に東京の巣鴨に帰った慶喜は、利根川などで釣りを始める。今度の釣りには身近な仲間がいた。慶喜より十六歳年下で、最後の水戸藩主をつとめたのち隠居して、千葉の松戸にすんでいた実弟の徳川昭武だ。

　この昭武も釣りに熱中した人物で、『川漁扣《ひかえ》』という釣り日記を残している。明治二十三年から同三十七年まで十五年の間に約四百回の釣行記録があるという。かつての将軍と大名の兄弟が一緒にならんで釣った魚は、スズキや、サイと呼ばれたニゴイなどだった。巣鴨と松戸に別れて住んでいた二人は、電報で釣りの打ち合わせをしていたそうだ。

　慶喜愛用の釣道具は、静岡市の久能山東照宮博物館に保存されている。丸竹でできた十本継ぎの竿や浮子《うき》、たも網、丸い糸巻き、仕掛け巻き、渋糸、道具箱などである。

おわりに

江戸時代の日本の釣りの文化は、世界でも群を抜いていたようだ。アイザック・ウォルトンの『釣魚大全』（一六五三年）に見られるように、英国でもほぼ同時期に趣味としての釣りが芽生えていたが、道具類では日本の釣りに及ばない。

江戸の人々は、欧州には分布しない竹という便利な木質単子葉植物に恵まれていたおかげで、感度と弾力と強度と軽さを完備したすばらしい釣竿を手にすることができた。布袋竹などは釣竿になるために進化したような理想の竹である。

竿職人は飴色の透漆で竿を保護し、蠟色漆で渋い装飾をほどこした。釣り道具に高度に美的な芸術性を与えたのだ。

これに比して昔の英国の釣り人には同情したくなる。彼らは竿作りに大変な苦労をしていた。乾燥させた木の枝の端に、真っ赤に焼いた鉄棒を根気強く押し当てて長い穴を貫通させて中空材を得ていたのだ。その先に先細りの小枝をつないで釣竿を作った。これでは感度の悪さが思いやられる。

明治維新後には日本の釣竿が外貨をかせぐ輸出品目になった歴史がある。欧米人にとっては夢の釣竿だったことだろう。

昭和十一年（一九三六）に世界的なロシアのオペラ歌手、シャリアピンが来日しているが、その目的は和竿を買い求めることだった。子供時代に金持ちの男が使っていた日本の釣竿を目にして以来、手に入れることが長年の夢だったのだ。

江戸表に暮らした大名や旗本が突破口を開いた趣味の釣りは、竿などの洗練度を高めつつ武士から庶民へ、男性から女性へ、また江戸から地方へと広まった。釣りを詠んだ俳句や川柳、主題にした小説や小咄も生まれ、浮世絵も描かれた。

こうした江戸の釣り文化の一端を渉猟したのがこの本だ。広島市に本社を置くミリオンエコー出版の「月刊釣り情報」（後に「釣り画報」と改題）の二〇〇四年一月号を初回に計九十九回続けた連載が元になっている。同社の児玉一紀氏、木村隆司氏、編集部諸氏に深く感謝を申し上げたい。単行本化では河出書房新社の朝田明子さんのお世話になった。長く続いた平和が生んだ江戸の釣りの楽しさ、広がり、奥行きの深さを感じ取っていただけたら、著者として望外の果報である。

【道具・技術名】

【作品名】

【魚類・生物名】

索引

【人名】

本書は、「釣り画報」（二〇〇七年まで「月刊つり情報」。ミリオンエコー出版）での連載「江戸釣り話　将軍から庶民まで」を、加筆・修正してまとめたものです。

長辻象平（ながつじ・しょうへい）
1948年、鹿児島県出身。科学ジャーナリスト、産経新聞論説委員。京都大学卒。著書に『江戸釣魚大全』『釣魚をめぐる博物誌』『江戸の釣り』。時代小説に『忠臣蔵釣客伝』『元禄いわし侍』『闇の釣人』『あめんぼう』など。

江《え》戸《ど》釣《つり》百《ひゃく》物《もの》語《がたり》
将軍《しょうぐん》から庶民《しょみん》まで

2021年11月20日　初版印刷
2021年11月30日　初版発行

著者　長辻象平
装丁　セキネシンイチ制作室
発行者　小野寺優
発行所　株式会社河出書房新社
〒151-0051　東京都渋谷区千駄ヶ谷2-32-2
電話03-3404-1201（営業）03-3404-8611（編集）
https://www.kawade.co.jp/
印刷　株式会社亨有堂印刷所
製本　大口製本印刷株式会社
Printed in Japan
ISBN978-4-309-03010-4